내가 상처받는 이유

여는 글

매일 글을 써 온 지난 3년은 가장 힘들고 설레는 시간들이었습니다. 치료사는 인간의 경험을 사유하는 책임을 지닌 사람입니다. 내 삶의 경험과 더불어 내담자들의 삶, 그리고 그들을 둘러싼 많은 사람들의 삶까지도 모두 내 사유의 대상이 되었습니다. 안타까울 때가 많았습니다. 마음이 아플 때도 많았습니다. 조금만 용기를 내면 될 텐데, 조금만 생각을 바꾸면 좋을 텐데...

사람들이 가진 심리적 문제나 어려움에는 공통점이 있었습니다. 다양한 가능성을 감지하지 못하는 것이었습니다. 바로 인지왜곡입니다. 혼자서 생각하고, 혼자서 해석하여 비합리적이고 비현실적인 판단을 내리고, 결국 혼자 아파하는 현상이 대부분이었습니다. 그래서 용기가 필요했습니다. 고정된 신념을 바꿀 용기, 오래 머문 그 자리를 떠나 새로운 곳으로 이동할 용기, 그리고 깨달은 만큼 행동하는 용기. 그 과정이 혼자서는 어려운 과정인 것을 알고 있습니다. 내가 보지 못한 풍경을 그림으로 그리면 쉽지 않듯이, 내가 경험해 보지 않은 방향에서 삶을 바라보는 것은 어려운 일이었습니다. 결국 나의 행복을 찾아 나설 용기가 우리 모두에게 필요했습니다. 그 힘겨운 여정을 함께 동참하고 손잡아 주고 싶었습니다.

글을 쓰는 시간은 내담자의 마음을 버텨주는 것만큼 녹녹치 않았습니다.

나도 어쩔 수 없는 그저 불완전한 한 인간이기에, 글을 통해 타인을 위로해주고, 그 아픈 마음을 만져줄 자격이 있는가에 대해서도 고민하는 시간이었습니다. 그러나 글을 쓰며 내가 경험한 아픔은 삶의 선물이 되었음을 알았습니다. 내 결핍과 마음 속 깊이 자리한 슬픔은 글을 쓸 수 있는 원동력으로 승화되었습니다. 고독이 가진 힘이었습니다.

상처는 그 사람이 준 것이 아니라, 내가 받은 것입니다. 상처를 주려고 마음먹고 행동하는 사람은 세상에 없습니다. 그 사람의 결핍으로, 그 사람의 열등감으로, 그 사람의 불완전함으로 인하여 미숙한 대처를 했을 뿐이며, 그 미숙함에 내가 상처라는 의미를 부여한 것입니다. 당신이 스스로 만들어 입은 '상처'라는 옷을 벗어던질 수 있는 날, 그 날을 위한 외롭고 땀나는 이 과정을 의연하게 잘 통과하리라 믿습니다.

이 글을 통해 당신의 움츠린 마음이 위로받고 용기를 내어 다시 꿈 꿀 수 있기를 간절히 소망합니다. 그래서 매일 매일 달라지고 성장하며 살아가는 방법에 조금 능숙해지면 좋겠습니다. 당신의 눈물 위에 무지개가 뜰 날이 올 것입니다.

2017년 5월　홍 지 영

독자서평

문장은 간결하지만 결코 간단하지 않은 그녀의 문장이 나에게는 많은 의미를 전해주었다. 음성이 아닌데도 불구하고 온도가 느껴진다고 해야 할까. 글을 읽을 때면 마치 내 마음이 같이 걷고 있는 것처럼 읽었던 문장을 읽고 곱씹어 또 읽고야 만다. 내가 그랬던 것처럼 꺼내어 볼 수 있어 행복한 그녀의 글이 많은 사람을 치유해 줄 것이라고 믿는다.

- 유인영 -

단지 치유의 목적으로 쓰인 글이 아니라, 마음 터놓을 수 있는 친구 같은 글들이다. 머리로만 치유되는 게 아니라, 마음으로 치유가 되었다. 닫힌 마음, 상처받은 사람은 이 책을 꼭 읽기를 추천한다.

- 김로운 -

열정이 묻어나는 글들이다. 어찌 보면 처절할 만큼 자신을 채찍질 하면서 스스로를 몰아붙이기도 하지만, 글을 읽는 독자들의 마음을 따뜻하게 어루만져주며, 마음씨 좋은 학교 선배가 해주는 위로처럼 느껴진다. 처음엔 냉소적이고 차가운 느낌이 들 수도 있지만, 읽다 보면 나도 모르게 마음 한 구석에 따뜻함이 밀려온다. 글을 읽으며 때론 혼나기도 하고, 위로 받기도 하며, 칭찬 받기도 하지만 모든 글에는 늘 사람을 포용하는 따뜻함이 배어 있다.

- 김재기 -

평소에 느끼기 어려운 내 마음 깊은 곳을 만져주어 깊은 공감을 하도록 해 주었다. 복잡했던 나의 생각들을 차근히 정리해주는 마법 같은 느낌이다.

- 김숙 -

삶을 살아가는 데는 기운이 존재한다. 좋은 기운은 인생에서 올바른 방향성을 제시하고 큰 의미로 작용한다. 그녀의 글은 우리가 스스로 만들어가는 삶의 방식 속에서 좀 더 나은 모습으로 성장할 수 있는 기운을 불어다 준다.

- 선기철 -

풍부한 경험과 깊은 지혜가 녹아있는 멋진 글들이 내게 큰 힘이자 동기가 되었다. 내가 새로운 창업을 시작한 중요한 시점에서 그 어떤 멘토링이나 강의보다 좋았다. 힘이 되는 멋진 글 써주셔서 정말 감사한 마음이다.

- 안성우 -

어느 글들은 감미로운 사랑같이 마음에 다가와 불을 지피다가도 어느 때는 스트레스로 힘이 들 때 그 과정을 이겨내는 어벤져스 같은 글귀들이다. 내 지친 마음을 위로해 주었다.

- 신홍철 -

다른 사람들의 고통과 힘겨움을 자기 일처럼 이해해주고 다독여주는 글들이다. 존경하는 마음을 보내 드리고 싶다.

- 주성희 -

모르는 언어를 번역해 주듯, 마치 내 마음을 번역해 주고 있는 느낌이 든다.

- 정재석 -

contents

내가
상처받는
이유

나를 만나고 같이 아파하고 기뻐하며 함께
치유하는 과정은 나와 내담자가 함께
성장하도록 해 줍니다.

치유의 여정

경 험 의 내 러 티 브

치료사로서의 삶은 생명이 가진 나의 에너지를 나누어 주는 일입니다. 마음이 많이 아픈 사람들은 자신의 아픔에 깊숙이 침몰해 있기에 타인의 아픔을 느끼고 바라볼 수 있는 힘이 없습니다. 내담자들은 따뜻한 엄마처럼 받아주고 이해해주고 사랑을 주는 치료사에게 의지하며 자신의 행복을 이끌어 주기를 간절히 바랍니다. 내게 오는 모든 사람들이 그랬습니다. 나를 바라보며 자신의 삶이 달라지길 원하는 그 간절한 눈빛을 보내면 내 마음은 오직 치료사로서의 사명과 조건 없는 사랑으로 점철되도록 단단히 무장을 해야 했습니다. 그럼에도 불구하고 치료사로서의 삶은 무척 가치 있는 것입니다. 치료 후에 내담자의 변화와 성숙, 그리고 행복을 찾아 스스로 나아가는 변화된 모습을 보는 것 보다 세상에서 더 큰 기쁨은 없는 것 같습니다. 기적은 우리들이 스스로 만들어 내는 것입니다.

나를 만나고 같이 아파하고 기뻐하며 함께 치유하는 과정은 나와 내담자가 함께 성장하도록 해 줍니다. 그들은 내가 늘 온화하고 진실한 마음을 가질 수 있도록 훈련시켜 줍니다. 매일 반성하고 나를 돌아보게 해 주고 항상 기도하게 해 줍니다. 그렇게 내 상처는 결국 내 삶의 선물이 되었습니다. 타인의 행복을 위해 일하는 사람은 참 행복합니다. 결국 내가 행복해지는 길이기 때문입니다.

치료의 과정에서 가장 중요한 것은 내담자의 치유에 대한 간절함과 행복한 삶에 대한 강한 의지입니다. 그리고 나를 인간적으로 많이 좋아해야 합니다. 치료사에 대한 긍정적인 감정은 내담자의 치료시간을 단축시켜 주고 올바른 훈습을 실행하도록 노력하게 해 줍니다.

나와 함께 마음을 나누고 자신의 행복에 대한 간절함이 도구가 되어 잘 치유되고 회복된 여러 사례들 중 많은 분들이 가장 공감할 수 있는 몇 분들의 이야기를 이곳에 담아 보고자 합니다. 그들만의 이야기가 아니라, 나와 당신의 이야기이며, 우리 모두의 살아가는 이야기입니다.

story 01. 아버지와 아들 그리고 엄마

남편과 아들 관계의 갈등, 그 중간에서 힘들어하는 어머니를 만났습니다. 아버지는 아들의 삶의 방식이나 나아가는 방향이 마음에 들지 않아 자신이 원하는 방식과 방향을 아들에게 지속적으로 강요하고 요구했습니다. 대학생인 아들은 분명 자신이 원하는 삶과 그에 따른 가치가 있지만 아버지는 인정하기 어려웠습니다.

"우리 아들이 꼭 우리가 원하는 그 길은 아니지만 지가 공부는 열심히 하고 지 할 일 하면서 잘 지내고 있는데 아이 아빠가 너무 자기가 원하는 걸 아이한테 강요해요. 나도 우리 아들이 좀 걱정은 되지만 그래도 알아서 잘 해내리라 믿는데 남편은 아이한테 자꾸 연락해서 '왜 그러냐. 안 된다. 절대 하지 마라. 마음에 안 든다' 등의 말을 자꾸 해요. 그럼 아이는 스트레스 받을게 뻔한데, 왜 그렇게 아이를 괴롭히는지 모르겠어요."

어머니는 아들이 알아서 잘 살아가고 있는데 자꾸만 아들을 힘들게 하는 남편이 원망스럽기만 했습니다. 그런 감정은 점점 확대되어 남편의 모든 면에 대해 부정적인 감정이 생겨나게 되었습니다.

"이제는 남편이 너무 너무 꼴 보기 싫어요. 내가 밥을 차려주면 그 밥을 먹는 모습도 보기 싫은 거 있죠? 뭘 하든 보기 싫고, 한 집에 같이 있는 자체가 숨이 막히고, 마음에서 화가 나고 열불이 나요. 이젠 솔직히 말해서 같이 살기도 싫어요. 너무 싫어졌어요."

어머니는 사랑하는 자식을 힘들게 하는 남편이 미운거지요. 한 사람에게 부정적인 감정이 생겨나면 그 사람의 좋은 점은 모두 잊게 되고 마음에 들지 않는 점들만 계속 보이고, 그 범위는 점점 확장되기 마련입니다. 아무리 남편에게 잘 말하고 설득하려고 해도 남편은 자신의 주장을 굽히지 않았습니다. 엄마는 아들을 믿고 싶고, 자기가 살고 싶은 대로 해 주고 싶지만 아버지의 강한 주장을 어찌해야 할지 몰라 마음이 괴롭다가 지쳐서 결국 우울이라는 감정의 늪에 빠져서 지내고 있었습니다.

아버지는 왜 그럴까요? 아버지는 자기가 살아온 경험이 전부이고 그게 가장 옳다고 생각하기 때문입니다. 아버지는 고정된 사고방식을 가지고 있으며, 그 방식은 자신이 어릴 때부터 그렇게 학습되어 왔기 때문입니다. 세상은 넓고 다양한 삶의 방식이 존재하며, 계속해서 변하고 있다는 것을 알아차릴 기회도 없었고, 누가 특별히 알려주지도 않았기 때문입니다. 그래서 자신의 방식이 아니면 그른 방식이라고 여기고, 잘못된 길을 가는 아들의 모습을 보면 마음이 불안해지는 것이었습니다.

이런 경우에 우울한 어머니는 중간의 입장에서 무엇을 할 수 있을까요? 분명 누구에게든 변화가 필요한데 어떻게 해야 할까요? 아버지가 힘들어서 찾아 오셨다면 주체가 달라지기에 또 다른 방법이 필요합니다. 그러나 어머니가 주체가 되었을 경우엔 어떤 방법이 있을까요? 제가 어머니에게 이렇게 질문했습니다.

"아드님은 아버지의 그런 태도에 대해서 어떤 반응을 보이고 있나요? 아들이 아버지로 인해 힘들고 스트레스를 많이 받는다고 말한 적이 있나요?"

"우리 아들은 그런 말은 안 해요. 아버지가 그러든 말든 자기 길을 가고 있는 것 같아요. 크게 영향을 안 받는 것처럼 보여요."

우선, 그 아들은 대학생이며 군대도 제대를 하고 복학한 학생입니다. 이미 성인이 된지 한참이고 자신의 삶의 방식과 추구하는 가치가 확립되어 있는 나이입니다. 그 아들은 학생신분으로서 학교생활을 성실히 하고 있고 공부도 열심히 하고 있다고 합니다. 아버지의 간섭과 요구로 인해 힘들어 하기도 하지만 오히려 아버지를 설득하려 노력하고 있고 아버지가 요구하는 방식과는 다른 자신의 삶의 방식을 굳건히 지켜 나가고 있다고 합니다. 그렇다면, 무엇이 어머니를 그토록 힘들게 했을까요?

위에서 말했듯이 아들은 아버지의 일방적인 요구에도 불구하고 자신의 방식대로 잘 살아가고 있습니다. 아버지의 요구에 순종하는 아들보다 훨씬 건강한 정신을 가졌다고 볼 수 있습니다. 그리고 아들이 가는 방식은 아버지의 것과 다를 뿐이지 사회적으로도, 개인적으로도 가치 있고 올바른 길임을 어머니를 통해 듣고 확인했습니다. 그렇다면 아들에 대한 걱정은 할 필요가 없겠지요. 어머니의 이야기를 들어보면 아들에게 자꾸 강압적으로 대하는 남편이 밉다는 것인데, 아들은 어머니가 그렇게 생각할 만큼 갈등이 크지도 않아 보이고 알아서 잘 살고 있습니다.

아버지가 아들을 괴롭힌다고 생각하는 어머니의 생각은 어머니의 관점일 뿐입니다. 그리고 내 아들이라는 생각이 강하게 자리하고 있기에 남편의 일방적인 요구가 듣기 싫은 것입니다. 특히 아들에 대한 사랑은 어머니들이 강하기 마련이니까요. 그런데 아버지의 아들이기도 합니다. 그리고 모자 관계도 있지만 부자 관계라는 남자들끼리의 소통방식이 있습니다. 부자관계는 부자가 알아서 하게 두고, 어머니는 그 부분은 내려놓을 필요가 있었습니다. 모든 일은 내가 해결해야 하고, 내가 나서야 한다는 의무감과 비합리적인 신념도 자리하고 있는 것입니다. 그래서 아들을 힘들게 하는 남편이 미웠던 것입니다.

남편의 삶을 이해해야 합니다. 남편이 그럴 수밖에 없는 삶을 살아온 것을 이해한다면 남편의 사고방식과 행동을 이해할 수 있습니다. 모든 인간의 행동에는 원인이 있기에, 그 원인을 알게 되면 어떤 나쁜 행동도 그럴 수밖에 없겠구나 생각되며, 내가 아닌 다른 사람을 이해할 수 있습니다. 남편도 불완전한 한 인간이고 그 정도 나이가 들면 남자들은 대부분 불안합니다. 사회적으로도 눈치가 보일 시기고 자신감도 떨어지는 시기입니다. 아버지의 불안이 아들에게 바라는 요구로 돌아갈 수 있습니다. 이러한 아버지의 삶을 한 인간으로서 바라본다면 이해가 되고, 이해하다 보면 연민도 생기게 됩니다. 오래된 부부의 사랑은 한 인간으로서의 연민으로 지속될 수 있습니다.

어머니가 주체이기에 한 가지 더 이야기를 한다면, 상대는 변하지 않습니다. 변하지 않는 상대를 보며 미워하고 우울해진다면 그런 마음으로 살아가기는 어렵습니다. 그럼 어떻게 해야 편하게 살 수 있을까요? 어머니가 변해야 합니다. 아들에 대한 집착을 내려놓고, 남편에 대한 기대심리도 내려놓아야 합니다. 아들을 바라보는 시선도 변해야 하고 남편을 생각하는 관점도 변해야 합니다. 그래서 나만의 즐거운 생활을 찾아야 합니다. 아들이 아니고 남편도 아닌, 나를 위한 취미나 활동에 시간을 사용하고 마음을 써야 합니다.

이러한 관점과 방향으로 어머니는 자신의 우울한 감정과 남편에 대한 부정적 감정을 교정해 나갔으며 결국 두 사람의 관계도 전보다 훨씬 부드러워졌습니다. 관계의 변화와 발전은 내가 변하는 것이 우선이며, 내가 가진 문제점을 객관적이고 현실적으로 다시 바라보아야 합니다. 그리고 대상에 대한 본질적 탐색과 그에 대한 이해는 그 대상을 다시 바라보게 하고 내 문제를 돌아보게 합니다. 결국 내가 편안해져야 가정의 모든 소통이 원활해져서 모두가 편안해집니다.

story 02. 천사 같았던 내 아들

"내 아들은 어릴 때 너무 착해서 천사 같았어요. 사람들이 어찌 저렇게 착하고 순한 아이가 있냐고 칭찬했어요. 내가 죽으라고 하면 당장 죽었을 만큼 우리 아들은 착한 아들이었어요."

어머니는 40세가 넘은 아들을 이야기할 때 이렇게 시작하셨습니다. 그토록 착했던 아들이 20세가 되고 대학생이 된 후로는 다른 사람처럼 변하고 자주 아픈 사람이 되었습니다. 아들은 대학교에 다니던 어느 날 갑자기 말하는 것을 잃어 버려 며칠 동안 어떤 말도 하지 않아서 병원에 데려가자, 조울증이라는 진단을 받았습니다. 잘 살아오다가 어느 날 갑자기 일어난 일이었습니다. 아들은 병원에 입원하게 되었고 퇴원 후에도 약물치료를 받으며 직장생활을 힘들게 유지해 왔습니다. 정신적으로 취약해진 부분이 있기에 사회생활에서 일어나는 일들에 대해 왜곡된 대처 반응이 자주 일어나고 직장상사나 동료들도 내담자를 이해하는데 한계가 있어 소통이 쉽지 않게 되었습니다. 외부에서 받는 스트레스에 대처하는 능력이 많이 부족했습니다.

어떤 어머니들은 너무 착하고 순종적인 자녀들을 칭찬하고 자랑스러워합니다. 그렇지만 그런 아이들이라고 무조건 안심해서는 위험합니다. 자신의 감정과 생각을 묻어두고 부모님의 말에 순종하는 아이들은 마음 깊은 곳에 혼자만의 동굴이 자리한 경우가 종종 있기 때문입니다. 너무 착한 사람은 그만큼 인내하고 참아내고 있다는 의미이기도 합니다. 너무 착한 내 아이에 대해 무조건 안심하기 보다는 오히려 더 잘 살펴서 아이의 생각과 감정을 드리낼 수 있도록 이끌어 주어야 합니다. 너무 착했던 내 아이가 스무 살이 넘어서 갑자기 이상해졌다며 자녀를 데리고 오시는 분들이 있습니다. 그런 경우에 대부분의 자녀들은 말합니다.

"저는 한 번도 내가 하고 싶은 것을 해본 적이 없고, 원하는 대로 살아본 적이 없어요. 지금까지 언제나 엄마가 원하는 사람으로만 살아왔어요."

직장생활에서 스트레스를 크게 받아온 이 내담자의 치료는 스트레스 대처 능력 향상을 목표로 이루어졌으며, 자신의 언어와 행동을 구체적으로 관찰해 보며 어떻게 들리는지, 어떻게 느껴지는지를 생각해 보는 시간들을 가졌습니다. 그리고 타인의 입장에서 내가 어떤 사람으로 보일 수 있는지 자신의 행동을 되돌아보며 타인의 입장에서 자신을 바라보도록 했습니다. 내가 왜곡된 판단을 하고 혼자서 과중한 스트레스를 받고 있는 것은 아닌지, 다른 사람들은 크게 신경 쓰지 않는 부분을 나 혼자만 그렇게 생각하고 있는 것은 아닌지 살펴보고 다시 생각해 보도록 했습니다. 그런 과정에서 평소에는 스스로 생각하지 못했던 자신의 모습을 새롭게 인식하게 되었고 불만스럽기만 했던 그 사람들이 오히려 고마운 사람들이라는 사실을 깨닫게 되었습니다.

"회사에서 사실 가만히 보면, 일은 내가 제일 많이 하거든요. 다른 사람들은 맨날 요령피우고 일도 대충하고 그러거든요. 저는 쉬지도 않고 일해요. 그래서 내가 일을 제일 많이 하는데 왜 나랑 그 사람들과 똑같은 월급을 받는지 이해가 안 돼요. 사장님은 그 사람들이 그렇게 요령 피우고 일하는 걸 잘 모르고, 내가 특별히 더 많이 한다는 것도 인정하지 않는 것 같아서 기분이 나빠요."

"그렇군요. 그래서 기분이 나빴겠네요. 그런데 다른 직원들이 일을 열심히 안하고 요령만 계속 피우는 사람들이라면 회사에 남아있을 수 있을까요? 사장님께서 그런 사람들에게 월급을 주며 일을 하게 할까요? 그리고 병원에 입원도 하고 그래서 당신이 회사에 꾸준히 나가지 못해 왔는데도, 사장님께서 늘 다시 일하게 해 주시는 건 어떤 마음으로 그렇게 하시는 걸까요?"

사람은 마음이 아프거나 취약해진 부분이 생기면 터널 시야(Tunnel Vision)를 가지게 됩니다. 사고하는 틀도 좁아지고 세상을 바라보는 시야도 좁아지게 됩니다. 그런 이유로 타인을 이해하기 어려워지고 모든 일에 대한 해석이 부정적으로 되어서 우울증이 동반될 수 있습니다. 그런 사람들에겐 사고의 폭을 넓혀주는 과정이 반드시 필요합니다. 혼자서는 무척 어려운 일입니다. 그러나 조금만 비틀어서 바라보면 세상 모든 일은 참 많이 달라집니다. 그 과정을 누군가가 손잡아 올바른 방향으로 이끌어 준다면 분명히 달라질 수 있습니다.

힘든 마음을 함께 나누고 자신의 취약점을 관대하게 이해해 주는 담당 치료사인 저에게 그 분은 마음을 열고 제가 이끄는 방향으로 동반해 주었습니다. 결국 직장생활에서의 관계도 좋아지고 상사 분께도 좋은 피드백을 많이 듣게 되었습니다. 그래서 모두가 기뻐하며 함께 일하게 되었습니다. 물론 지속적인 약물치료와 힘든 시간이 반복되어 찾아오기도 하지만 스스로 스트레스를 대처하는 능력은 많이 향상되었습니다. 또 약해지는 시간이 오기도 하지만 자신이 어떻게 이 문제를 이겨나갈지에 대해 스스로 고민하는 태도를 가지게 되었습니다.

우리는 모두 매일 다른 감정을 느끼고, 매일 다른 사건에 부딪히며 살아갑니다. 부정적인 사건이 닥쳐왔을 때, 무방비상태로 마주할 때와 어느 정도 각오를 하고 인지를 하고 있을 때는 완전히 다릅니다. 마음의 근육을 강화할 필요가 있습니다. 근육이 약해진 마음은 쉽게 무너지기 때문입니다.

story 03. 사랑이라고 착각한 상처

어린 시절에 결핍된 부분은 무의식 속에 가라앉아 있다가 이따금씩 자극이 주어지면 수면 위로 떠오르기도 합니다. 특히 엄마와 관련된 경험은 남자가 성인이 된 후에 가까운 관계의 이성에게 전이될 수 있으며, 아버지와 관련된 경험은 여자가 가까운 관계의 남성에게 전이될 수 있습니다. 어머니와 여자 친구는 아무런 관계가 있지 않음에도 불구하고 남자에게 내재되어 있는 여성에 대한 반응은 신기할 만큼 이어지기 마련입니다. 물론 여자도 마찬가지입니다.

“내게 정말 너무 너무 잘해주었던 사람이었어요. 그런데 내가 헤어지자고 말한 날부터 나를 완전히 쓰레기 취급을 하더라고요. 막 욕하고, 사람도 아니라고 하고, 소리 지르며 난리도 아니었어요. 헤어지자고 한 게 그렇게 인격을 모독하고 언어폭력을 할 만큼 죄를 지은건가요?

사랑했던 남자가 극도로 변해버려 고통을 주고 있다는 여자 분의 호소는 안타까운 일이었습니다. 한 때는 사랑한다고 속삭이며 세상 누구보다 다정했던 커플이었을 텐데 이제는 서로 증오하는 마음만 남아 있다니, 어찌하여 사랑은 영원하지 못한 것일까요. 당연하면서도 참 슬픈 사실이라는 건 어쩔 수 없습니다.

“내게 너무 집착했어요. 내가 친구 만나는 것도 싫어했어요. 내가 친구 만난다고 하면 친구 만날 시간에 자기를 만나야 하는 거 아니냐고 화를 내고 서운해 했어요. 친구도 가끔은 만나야죠. 어떻게 남자친구만 만나나요? 그리고 자기가 원하는 대로 내가 행동하지 않으면 화를 내고 자꾸 나를 의심했어요. 핸드폰도 자꾸 확인하고, 이메일도 갑자기 열어보라고 하고 미치겠더라고요. 저는 다른 남자를 만난 적도 없고 그런 생각은 하지도 않았는데 왜 자꾸 의심하는지 모르겠어요. 결국 제가 너무 지쳤어요. 이건 사랑도 아니고 뭔지 모르겠다는 생각만 들고 너무 우울해지더라고요."

여자는 남자의 성격이 점점 피곤하게 느껴지고, 자유를 주지 않는 구속의 양상으로 변해가는 두 사람의 모습에 실망을 느끼고 이별을 고했습니다. 어떠한 이유든 마음이 변했다면 이제 서로를 떠나는 것이 순리입니다. 그러나 남자는 이별을 받아들일 수 없어 화를 내기 시작했고 여자가 직장에서 업무에 집중하는 시간에도 계속해서 전화를 하며 화를 내고 욕까지 했습니다. 남자는 절대로 헤어질 수 없다고 생각했습니다. 그동안 자기가 얼마나 사랑해줬는데 이제 와서 싫증났다고 자기를 버리는 거냐며 여자를 평가절하 하는 말들을 퍼부었습니다. 밤이고 낮이고 문자와 전화를 쉬지 않고 해대니 여자는 일상생활에 큰 어려움이 생기게 되었습니다.

"네가 어떻게 나를 버릴 수가 있지? 내가 너에게 어떻게 했는데, 넌 나의 전부였어. 나는 너에게 모든 걸 다 주었고, 나를 다 희생하고, 다 양보하고, 무조건 나는 너를 우선으로 살았어. 그런데 그런 나를 네가 감히 버린다는 거야? 네가 그러고도 사람이야?"

남자는 왜 이별을 받아들이지 못하는 것일까요? 여자를 너무 사랑해서 이별 후에 슬픔을 감당할 수 없다고 생각했을까요? 자신이 지금까지 쏟아 준 사랑이 억울했을까요? 모두 다 해당될 것입니다. 자신이 가진 본질적 불안으로 인해 여자에게 집착하며 온 마음과 삶을 다 내어주듯 사랑했을 것입니다. 여자가 원하는 방식이 아니라 자신이 원하는 방식으로 사랑해 왔으면서 '어떻게 나에게 이럴 수 있을까'라는 착각에 빠져있었겠지요. 대부분의 집착성향을 보이는 사랑은 사랑하는 대상을 놓칠까봐 불안해합니다. 그 불안한 마음을 사랑이라는 이름으로 덮어버린 자신의 본질적 불안이 근본적인 원인입니다.

세상에서 가장 사랑스러웠던 여자가 이제는 자신을 버린 세상에서 가장 나쁜 여자가 되어 버린 것입니다. 남자는 '이별'을 받아들일 수 없는 사람이기 때문입니다. 인간은 수많은 관계를 이루고 잃고, 또 다시 이루며 살아갑니다. 그 자연스러운 흐름을 받아들이지 못하면 자신만 힘이 듭니다. 마음이 아프고 상처만 깊어집니다.

이런 경우에 남자는 어린 시절에 어머니로부터 충분히 보호받고 무조건적인 사랑을 받지 못했을 가능성이 있습니다. 애착관계가 정상적으로 이루어지지 못한 경우입니다. 또는 엄마가 아이에게 양육의 책임을 다하지 못하고 떠난 경우도 있습니다. 그래서 아이는 큰 상실과 두려움, 그리고 결핍을 경험하였고 지금 여자 친구로부터 이별을 듣고 난 후에는 자신이 또 버림받고 보호받지 못할 것이라는 두려움과 불안이 강하게 몰려올 수 있습니다. 무의식 속에 깊게 자리한 상실에 대한 두려움이 이별을 고하는 여자에게 왜곡된 방식으로 표현되고 있는 것입니다.

"엄마가 그 사람이 아주 어릴 때 집을 나가셨다고 들었어요. 그래서 지금 어머니는 아버지가 재혼하신 새어머니인데, 새어머니가 어릴 때부터 키우셨다고 해요. 새어머니를 좋아하고 자기를 잘 키워주셨다고 좋은 분이라고 말했어요."

"그랬군요. 그 사람은 어린 시절에 어머니가 집을 나가버리셨으니 어머니로부터 버림받았다고 생각했고 그 기억은 큰 상처로 남아 그 시절의 감정이 무의식 속에서 해결되지 않아서, 이성관계의 가까운 여자가 자기를 떠난다고 생각하면 어머니로부터 버림받은 기억이 전이되어 자기를 또 버린다고 생각할 수 있어요. 그래서 잠재되어 있던 버림받음에 대한 분노가 수면 위로 올라오고, 그 분노가 지금의 여자 친구에게 향해 가고 있는 것이죠."

여자의 고통을 충분히 공감하며 마음의 괴로움에서 벗어나기 위한 체계적인 공동의 작업이 이루어졌습니다. 인간의 무의식과 그로부터 발현되는 감정들을 이해하고 남자가 하는 행동의 원인을 발견하는 과정으로서 인간의 본질적 측면에 대한 접근이 우선 필요했습니다. 자신을 괴롭히는 사람의 행동에 대한 본질적 요인들을 발견하게 되면 마음의 고통은 완화될 수 있습니다. 여자는 한 때 사랑했던 사람에 대한 이해와 연민을 함께 느끼며 자신이 느끼는 힘겨운 감정이 불필요하다는 것을 깨닫게 되면서 모든 문제는 자연스럽게 해결이 되었습니다. 무척 긴 시간이 걸렸지만 두 사람의 이별도 시간이 해결해 주었습니다.

이렇게 뿌리처럼 깊게 자리한 어린 시절의 상처는 성인이 된 후에도 영향을 미치게 됩니다. 그러므로 자신의 상처를 마주하고 스스로 이해하고 수용하는 과정이 누구에게나 필요합니다. 해결되지 않은 감정은 언제든 불쑥 고개를 내밀고 왜곡된 방식으로 표현되기 때문입니다.

story 04. 불안에 가려진 자존감

불안은 누구나 안고 살아가는 감정이지만 지나치게 높은 수준의 불안은 삶을 불행하게 만들어 버립니다. 불안의 수준이 높으면 내가 불안에 끌려 다니며 여기 저기 마음이 방황을 하기 때문입니다. 불안의 수준이 정상의 범위를 벗어나 버리면 불안장애의 진단을 받게 됩니다. 또한 불안과 함께 우울증이나 신체적 통증도 발현될 수 있습니다.

항우울제와 신경안정제를 복용하면서 원인을 알 수 없는 전신 통증으로 힘들어 하는 중년의 여자 분을 만났습니다. 그녀는 부족한 게 없어 보였지만 자주 큰 불안을 느끼고 신체적인 여러 증상들이 함께 따라다녔습니다. 높은 수준의 불안은 위축감을 가지게 하여 대인관계에도 부정적인 영향을 미칩니다. 다른 사람들이 나를 나쁘게 보고 생각할 것이라는 비합리적인 사고를 가지게 되고 스스로를 비하하게 됩니다. 자존감이 낮아지는 것입니다.

"낯선 사람들을 만날 때는 특히 더 불안해져요. 나를 보면 어떻게 생각할지 걱정되거든요. 나를 밉다고 생각하고 무시하진 않을까 하는 생각도 들고 내가 실수하면 안 되는데 하는 생각도 들고... 그래서 새로운 사람을 만날 때는 그 전날부터 마음이 초조하고 자신감도 낮아지는 것 같아요."

"회사에서 내가 무슨 말을 했을 때 사람들의 반응이 냉정하거나 무뚝뚝하거나 그러면 내가 뭘 잘못했구나 싶고, '내가 무슨 실수를 한 거지? 왜 나를 무시하지?' 라는 생각이 먼저 들어서 기분이 나빠져요. 그럼 '역시 내가 그렇지 뭐' 라는 생각이 들고 그래서 사람들과 함께 회의하고 이런 시간이 힘들어요. 그런 날은 아침부터 미리 불안해요. 그럼 머리도 아프고 가슴도 두근거리고 진땀이 막 나고 그래요."

여자 분이 평소에 하는 생각은 대부분 비합리적이고 왜곡된 것들이었습니다. 내 생각의 범위 안에서 세상을 바라보고 있으니 객관적이고 합리적인 판단이 어렵기 때문입니다. 사고하는 범위를 만드는 개인 사고의 틀은 어린 시절의 환경에 의해 영향을 받기도 하고, 성인이 된 후에 스트레스가 되는 자극적 사건을 경험한 후에 위축되기도 합니다. 과거에 경험한 특별한 사건은 한 개인의 사고를 조정하는 스키마(schema)로 확립되어 모든 상황에 대한 해석과 판단이 그 스키마의 영향을 받습니다.

따라서 자신이 하는 생각과 일상생활에서 일어나는 여러 상황에 대한 해석과 판단이 잘못된 것이라는 사실을 깨닫게 하는 것에 치료의 초점을 두었습니다. 이때 치료사는 내담자가 스스로 새로운 사실을 발견하고 깨달을 수 있도록 생각의 방향을 돌려주고 바꾸어 주며, 내담자가 놓치고 있는 중요한 것들을 만나도록 도와야 합니다. 내담자가 하는 생각이 왜 잘못된 것인지, 왜 비합리적인 것인지를 깨닫도록 해야 합니다.

"그런 상황이 종료되고 나면 결국 당신의 판단이 맞았었나요? 그 사람들이 당신을 무시하고 우습게 여기는 사람들인가요?"

"아니오. 알고 보면 그런 게 아니었을 때가 대부분이었어요. 하긴 그 사람들이 날 무시하고 그럴 이유는 딱히 없는데 자꾸 그런 생각을 하게 되네요."

"그렇다면 그 사람들의 본질적 성격이 좀 차갑고 냉정할지도 모르겠어요. 그렇다면 그 사람은 항상 모든 상황에서 누구에게나 그렇겠지요? 또는 그날 기분이 안 좋다거나 그런 사정이 있을지도 모르겠어요. 그럼 당신이 항상 그렇게 생각하는 건 합리적인 생각일까요?"

"아니죠. 저 혼자만 그렇게 생각하는 거겠죠."

"그럼 당신이 같은 상황에서 반복되는 부정적이고 자동적인 사고가 발현되는 본질적 요인을 찾아봐야겠어요. 아마도 과거에 어떤 사건에 의해서 당신에게 스키마가 자리하고 있을 수도 있으니까요."

우리는 여러 회기를 거치면서 스키마로 자리한 불안의 본질적 요인들을 찾게 되었고, 그 요인들에 대한 다양한 관점에서의 이해와 수용의 과정을 거쳐 비슷한 상황에서 반복되는 부정적이고 자동적인 사고를 교정할 수 있었습니다. 그런 스키마를 만들도록 자료를 제공한 중요한 대상을 파악하고 그 사람이 내게 했던 자극적이고 충격적인 행동의 이면, 즉 그 사람 행동의 원인을 발견하게 되었습니다. 그 과정은 그 대상의 삶을 분석해 보고, 그 대상이 내담자에게 그런 행동을 한 이유는 내담자가 아닌 그 사람의 심리적 문제였다는 사실을 깨닫게 하였습니다. 그 대상에 대한 충분한 이해와 수용이 이루어지면 그 동안 내담자를 힘들게 했던 자동적 사고가 교정되고, 자동적 사고가 교정이 되면 자연스럽게 시간이 흐르며 강력한 힘을 발휘했던 스키마도 교정이 될 수 있습니다.

치료의 도구로는 다양한 예술의 영역을 활용하여 통합예술치료를 적용하였으며, 이는 다양성과 총체성이라는 인간에 대한 본질적 이해와 세상에 대한 넓은 시각에서의 이해를 도울 수 있었습니다. 또한 평소에는 접하지 못했던 다양한 예술 활동을 통해 여러 잠재력을 발견하기도 했습니다. 이러한 과정은 내담자에게 자신감을 심어주고 미래에 대한 희망을 가지도록 도울 수 있었습니다. 자신감은 곧 자존감으로 이어져 자신의 존귀함을 다시 깨닫게 해주었습니다.

모든 치료의 과정에서 중요한 것은 치료사와 내담자의 신뢰관계이며, 치료사를 신뢰하는 내담자는 긍정적인 효과를 얻기 위해 더욱 노력하게 됩니다. 내담자와 나는 진실하게 마음을 나누고 서로를 믿고 지지하는 노력을 기울였으며, 이는 자신에 대한 믿음에도 힘을 불어 넣어 주게 되었습니다.

치료의 끝에서 내담자는 불안이라는 감정은 스스로 충분히 조절할 수 있는 것이며, 불안이 올라오는 순간에 어떻게 그 불안을 다루어야 하는지를 깨닫게 되었습니다. 치료를 마친 후에도 과거에는 두렵기만 했던 동일한 상황들이 반복되어도 그 상황을 통해 지속적으로 스스로 훈습을 해 나가며 치료를 통해 습득한 불안을 다루는 방법을 잘 지켜나가며 살 수 있게 되었습니다. 그래서 삶이 보다 행복해지고 매순간을 감사할 줄 알게 되었으며, 복용하던 모든 약은 자연스럽게 중단했습니다. 이제 불안이라는 것은 그녀의 손 안에 있을 뿐입니다.

story 05. 내 불안의 메커니즘

남편은 가족들과 함께하는 시간보다 밖에서 친구들과 만나 술 한 잔 기울이며 보내는 시간을 더 즐거워했습니다. 늦게 귀가하는 날이 너무 잦았으며 아내는 그런 남편을 이해하기 어려웠고 남편이 밖에서 술을 마시는 시간에는 늘 불안하고 의심이 되었습니다. 다른 여자와 만나는 것은 아닌지 의심되는 날에는 남편에게 장소를 물어 늦은 밤에도 그 장소에 가서 기다렸다가 남편을 데리고 함께 집으로 돌아오는 날도 종종 있었습니다. 그렇게 늘 불안했기에 남편이 술자리에 있는 시간에는 자주 전화를 해서 현장의 상황을 확인하고자 했고, 남편은 그런 아내의 행동이 남들에게 부끄럽고 큰 스트레스가 되었습니다.

"남편이 일주일에 삼사일은 술을 마시고 너무 늦게 와요. 아무리 술자리를 이해하려고 해도 너무 자주 늦는 것 아닌가요? 그리고 술만 마시고 오면 좋은데 의심스러워요. 여자들이 나오는 술집에 갈 것 같고, 그 여자와 또 어디를 갈 것 같고, 막 그래요. 그럼 저는 너무 불안해서 집에서 기다릴 수가 없어요. 그럼 애들을 재워놓고 남편이 술 마시는 곳을 알아내서 달려가기도 해요. 딴 데로 새면 어떡해요. 그래서 제가 기다렸다가 태우고 오고 그래요. 내가 그렇게 싫어하는데 왜 꼭 그렇게 늦게까지 술을 마시고 자주 그래야하는지 모르겠어요."

이런 경우를 들으면 많은 여자 분들은 가정을 가진 남편이 너무 자주 늦게 귀가하면 안 되는 것 아니냐고 생각할 것입니다. 그건 맞습니다. 그러나 부부의 문제는 제 3자가 어떤 판단도 할 수 없는 것입니다. 두 사람이 어떤 환경에서 자랐고 어떻게 만나 결혼했으며, 어떻게 서로를 대하고 살고 있는지는 두 사람만 알 수 있기 때문입니다. 그 어떤 사람도, 어떤 상황도 '좋다. 나쁘다'의 흑백논리로 판단할 수 없는 것이 우리들의 삶입니다. 경험해 보지 못한 다른 사람의 삶은 함부로 해석할 수도 없습니다.

결국 우울증 진단을 받고 약을 복용하게 된 아내는 살도 너무 많이 불어나게 되고, 자신감을 상실하고, 남편에 대한 집착과 의심은 점점 더 커지기만 했습니다. 물론 부부관계가 좋아질 수 없었겠지요. 그런 상황이 반복되면서 남편은 아내와의 마찰이 싫어 더 자주 술을 마시게 되었고 더 자주 늦게 귀가하게 되었습니다. 아내는 이제 스스로 자신의 감정을 보호할 수 없어 상담을 의뢰하게 되었습니다.

인간은 인간을 소유할 수 없습니다. 부모가 자식을 소유할 수 없으며, 아내는 남편을 소유할 수 없고 남자는 여자를 소유할 수 없습니다. 누군가에게 '내 것'이라는 이름표를 붙이는 순간부터 집착은 시작되고 상대방은 숨 막힘을 느껴 더 멀어지게 됩니다. 사랑하는 남녀의 관계에서 갈등이 생기는 이유는 대부분 너무 밀착된 거리 때문입니다. 서로를 아프게 하지 않는 거리에서 함께 하는 고슴도치처럼 사람도 약간의 거리는 반드시 필요합니다. 사랑은 서로의 날개에 힘을 실어 주는 것이지, 그 날개를 꺾어 날지 못하게 하고 내 옆에 앉혀놓고 나만 바라볼 수 있는 인형을 만드는 것이 아닙니다. 집착은 결국 서로에게 상처만 남기게 됩니다. 약간의 거리를 유지하면 아름답고 건강하게 오래 오래 사랑할 수 있습니다.

"남편이 일찍 들어오도록 자연스럽게 상황을 만들어 보면 어떨까요? 당신이 취미생활을 가지거나, 다른 몰입할 수 있는 즐거운 일을 찾아보세요. 운동도 좋고, 무엇을 배우러 다니는 것도 좋고, 재미있는 취미를 가져보는 거죠. 그리고 남편이 늦게 귀가해도 연락하지 말고 기다리지 않는 것처럼 행동해 보세요. 늦든 말든 상관 안한다는 태도로 바꾸어 보세요. 처음엔 힘들겠지만 그렇게 하면 오히려 남편분이 달라진 상황에서 무엇인가 느끼는 게 있어서 태도가 달라질 수도 있어요."

부부관계에서 배우자가 변하기를 바란다면 내가 먼저 달라져야 합니다. "변해라. 변해라" 아무리 외쳐도 상대는 변하지 않고 오히려 반항하는 사춘기 아이처럼 더 심해질지도 모릅니다. 내가 먼저 배우자를 대하는 태도를 바꾸고, 집중하는 것을 다른 대상으로 옮겨가야 합니다. 그럼 배우자도 자연스럽게 조금씩 달라지고 결국 관계는 보다 부드러워질 수 있습니다.

다가가면 물러나는 것이 남자의 본질적 특성이기도 합니다. 적당한 관심과 무관심을 절충하여 느슨하게 대해주면 오히려 더 가깝게 다가올 확률이 높은 것이 남자입니다. 남편에 대한 집착과 몰입을 자신에게로 돌려야 했습니다. 아내는 자신이 즐거운 일을 찾아 시간을 보내고 남편과 무관한 시간을 가질 필요가 있었습니다. 남편보다 내가 더 소중하고 중요하다는 것을 스스로 깨닫도록 하는 과정은 긴 시간이 필요했지만, 결국 삶의 전부였던 남편으로부터 조금 물러나 그 시간의 대부분을 자신을 바라보고 자신의 잠재력을 찾는 과정에 많은 시간을 투자하도록 했습니다.

또한 남편에 대한 지나친 집착을 본질적으로 분석해보면 자신의 내면에 자리한 불안이 가장 큰 원인입니다. 불안을 잘 다루지 못하면 그 불안이 어떻게든 부정적인 메커니즘을 만들어 내기 마련입니다. 따라서 근본적인 불안에 초점을 두고 치료가 이루어졌으며, 불안이 완화되는 치료결과는 사랑도 아름답게 재구성할 수 있도록 도움을 주었습니다.

자연스럽게 남편은 아내에게 전보다 더 관심을 가지게 되었고, 아내에 관해 궁금한 것들이 생겨나게 되어 대화가 늘어나게 되었으며 일찍 귀가하는 날이 많아졌습니다. 상대방이 변하길 바라는 희망은 어리석은 것입니다. 상대는 변하지 않는다는 명제 하에 내가 변해야 합니다. 상대를 바라보는 괴로운 내 마음이 편안해지면 상대방도 편안해지고 결국 관계는 회복될 수밖에 없습니다.

story 06. 부모의 갈등은 아이가 사는 동굴

대학생 아들이 가끔씩 방안에서 며칠씩 나오지도 않고, 학교도 가지 않으며, 친구도 만나지 않고, 밥도 잘 먹지 않아서 너무 괴롭다고 찾아오신 한 어머니가 있었습니다. 아들이 그런 상황이 되면 얼마나 그 마음이 고통스러울까요. 우선 엄마로서의 괴로움을 충분히 공감할 수 있었습니다. 자식이 아프면 엄마는 더 아프다고 여기기 마련이지만, 사실 아들이 가장 아플 것입니다. 이런 경우에는 아들과 어머니가 따로 모두 치료를 받아야 하지만 본인이 원하지 않고 의지가 없을 때는 어쩔 수 없는 일입니다.

대학생 아들은 자신이 가끔 그런 행동을 하는 것이 스스로 너무 괴로워서, 마음의 상처가 있다면 그것들을 치료받고 싶다는 의지가 컸습니다. 그 간절함 때문인지 치료사인 나를 무척 의지하고, 이끌어 가는 대로 열심히 노력하며 잘 따라와 주어서 참 고마운 학생이었습니다. 어리다고 하면 어리고 다 컸다고 하면 다 큰 나이, 아직 다 자라지 않은 마음이지만 독립해야 하는 대학생이라는 시기의 사람들은 정신적 방황을 자주 경험하게 됩니다.

다행스럽게도 그림 그리는 것을 좋아했고, 그림을 그릴 때는 긴 시간 동안 집중하며 자신의 모든 감정을 쏟아내려고 노력했습니다. 그림을 그리면 의식하지 못하는 공간에 있는 깊은 내면의 갈등과 숨겨진 감정들이 표출되기 마련입니다. 의식의 통제를 덜 받기 때문에 미술치료는 언어로만 이루어지는 치료과정보다 더 빨리 치료사와 내담자 자신이 깊은 감정을 만나볼 수 있습니다.

창조의 과정을 통해 상처를 다시 바라보고, 그 상처를 극복할 수 있습니다. 상처는 억압하고 묻어두거나 회피해서는 치유가 되지 않는다는 특성을 가지고 있습니다. 상처는 극복해야 치유될 수 있습니다.

"그림 그릴 때는 시간 가는 줄 모르겠어요. 그리고 정말 신기한 게 그림에 내 마음이 나타난다는 거예요. 이게 내 마음이 맞나? 싶다가도 선생님 이야기를 듣고 가만히 생각해보면 잊고 있던 일들도 생각나고 여러 감정들이 떠올라요. 결국 그림이 내 마음을 알게 해 주는 것 같아요."

내담자는 그림을 그리는 과정에서 자신의 내면에 이런 감정들이 있는 줄 몰랐다는 말을 자주 했습니다. 자신의 마음에서 숨어있던 내면아이도 만나게 되었고 어린 시절의 상처들이 여러 가지의 이미지로 시각화 되었습니다. 결국 상처를 극복하기 위해서는 다시 바라보고, 생각하고 새로운 의미를 부여함으로써, 자신의 삶의 일부로 수용해야 합니다.

"엄마 아빠는 너무 자주 싸우셨어요. 아빠는 엄마를 때리려고 하고 엄청 무섭게 화를 내면 엄마는 막 소리 지르며 도망 다니고 울고 그랬어요. 어느 날은 '아빠가 엄마를 죽이고 싶은 게 아닐까'라는 생각도 들었거든요. 그러다 어느 날은 집이 조용하고 아무 일이 없기도 했지만 그런 날의 기억 보다는 두 분이 싸우고, 나는 너무 무섭고 싫고 그랬던 기억을 더 많이 가지고 있는 것 같아요."

"엄마는 자주 우셨어요. 그리고 지금 생각해 보면 엄마가 항상 어두웠고 슬펐던 것 같아요. 엄마가 나를 보고 밝게 웃고, 그런 일은 별로 많지 않았던 것 같아요. 그래서 그랬는지 모르지만 저는 그냥 엄마를 괴롭히면 안 된다고 항상 생각해서 뭐든지 잘해야 하고, 엄마를 힘들게 하면 안 되기 때문에, 하고 싶은 것들도 말 못하고 그랬던 것 같아요.”

부모님은 자주 싸우시며 갈등관계에 있었습니다. 아들이 아주 어릴 때부터 부모님의 관계가 좋지 않았기에 어린 시절의 기억은 부모님의 싸움이고, 큰 소리이며, 눈물로서 표상 되어 있었습니다. 아이는 충분히 사랑받고 보호받으며 자신에게 집중되는 부모님의 정성스런 정서교육이 필요했지만, 충분하지 못했습니다. 그 시절의 아이는 늘 불안했고 큰소리가 들리는 상황이 공포였습니다. 그 어린 시절로 돌아가 그 어린 아이를 만나볼 필요가 있었습니다.

“부모님이 갈등이 깊어서 많이 싸우시느라 아들을 사랑하는 마음을 다 표현하지 못했을지도 모르겠어요. 부모님의 입장에서 아들에게 어떤 마음을 가지고 살아오셨을까요?”

“맞아요. 부모님이 나를 사랑하는 걸 잘 알아요. 지금은 그걸 느껴요. 지금은 저에게 최선을 다 하신다는 걸 알아요. 두 분이 맞지 않는 데 사시느라 힘들었으니 나를 사랑해도 표현할 기회가 없었을지도 모르겠네요. 이해가 되긴 하네요.”

“예전 어린 나를 만난다면 해주고 싶은 말이 있나요?”

“네. 네가 참 힘들고 외로웠지만 엄마 아빠는 너보다 더 힘드셨을 거야. 이제는 엄마 아빠가 널 많이 사랑하고 잘해주고 계시잖아. 그러니 이제 네가 엄마 아빠를 이해해 드리자."

그 아이의 마음이 어땠는지, 그 아이가 원하는 것은 무엇이었는지, 우리는 구체적으로 다시 떠올려 확인해 보고 그 아이의 마음을 만져주며, 그 시절에 다하지 못한 투정과 힘든 마음을 이해해 주었습니다. 물론 본인 스스로 그렇게 해야 합니다. 치료사는 무조건적인 수용과 공감을 보여주었고 본인 스스로도 그 어린 아이에게 다정하게 대해 주었습니다.

그런 과정은 과거의 상처를 들쑤시려는 것이 아니라, 해결되지 못한 힘든 감정을 알아주고 이해해주는 과정입니다. 충분히 이해받는 과정이 필요하며, 그 과정을 잘 해결하게 되면 상처는 위로받게 됩니다. 그리고 부모님의 어쩔 수 없는 갈등의 현실을 이해하고 수용하는 과정도 필요했습니다. 자신의 상처가 위로를 받으면 부모님에 대한 이해도 원만하게 이루어질 수 있습니다. 이제 성인이 된 아들은 부모님의 갈등과, 따로 살고계신 부모님의 현실을 마음으로 이해하게 되었습니다. 마음에 힘이 생겼기 때문입니다.

이제 가끔씩 동굴 속에 들어가고 싶은 마음이 생기더라고 스스로 조절할 수 있게 되었습니다. 그런 시간이 오면 어떻게 자신의 생각과 감정을 다루어야 하는지 잘 알고 있기에, 그 과정이 스스로 힘겨워도 노력하며 잘 이겨 나가고 있습니다. 자신의 삶을 수용하고 있는 그대로 사랑할 수 있기 때문입니다.

story 07. 항상 똑같은 여자들

한 성인 남자가 답답한 마음을 가득 안고 치료실에 스스로 찾아왔습니다. 성인이 된 후에 여러 여자들과 연인관계를 맺었었는데, 그 여자들이 모두 자신을 배신하였고, 처음엔 너무 좋은 여자였는데, 알고 보면 꼭 나쁜 여자들이었으며, 모든 여자들이 다 동일한 행동을 하였다고 했습니다. 그 여자들에게 자신은 최선을 다해 잘해주고 사랑을 주었는데, 모두 다른 남자와 자신을 동시에 만나고 있었다고 하며 무엇이 문제인지 모르겠다는 것이었습니다.

"이번이 다섯 번째네요. 어떻게 다섯 번 모두 똑같은 짓을 하고 똑같은 부류의 여자일 수 있는지 모르겠어요. 정말 여자 복이 이렇게 없을 수 있나요? 그래서 '이제는 내가 문제인가? 그럼 도대체 뭐가 문제지?' 이런 생각이 들었어요. 난 좋아하는 여자를 만나면 너무 쉽게 정을 주는 게 문제인가 싶기도 해요."

무엇이 문제였을까요? 분명 문제는 있겠지요. 만났던 여자들은 모두 소위 양다리를 걸치는 여자들이었는데, 개인적으로 그 이유는 모두 다르겠지만 그들도 심리적인 문제를 가지고 있을 가능성이 있습니다. 그러나 그보다 중요한 것은 똑같은 여자들을 반복적으로 만나온 이 남자가 가장 문제였습니다. 사랑의 상처에서 그 양상이 늘 동일하고 비슷한 성향의 여자를 선택하는 사람의 문제인 것입니다. 그런 성향을 가지고 있는 여자들만 선택하였기 때문입니다. 그럴 가능성의 성향을 가진 여자들에게 마음이 끌리고 잘해주고 싶은 남자가 달라지지 않으면 앞으로도 계속 같은 성향의 여자를 만날 확률이 아주 높다고 볼 수 있습니다.

남자분이 만나온 여자들을 직접 만나볼 수는 없었지만 아마도 애정결핍이 큰 사람이거나, 아버지와의 관계에서 문제가 있었거나, 아버지의 상이 왜곡되어 있을 가능성들이 있습니다.

"지금까지 만나온 그 여자 분들의 공통된 특징이 혹시 있을까요?"

"음... 있어요. 지금 생각해 보니 다 좀 내가 보호해 주고 싶은 마음이 드는 사람들이었어요. 모두 다 나에게 엄청 의지하려고 했고 자기의 상처들을 다 말하고 힘들어 했어요. 그럼 저는 너무 마음이 약해져서 내가 그 여자를 책임지고, 내가 다 해결해 줘야 한다는 의무감이 들었어요."

사랑에 목마르고 무척 외로워 보이며, 무엇인가 부족해서 내가 잘해주고 싶고, 내가 채워주고 싶은 여자들이 남자분의 마음을 움직이게 한 대상들이었습니다. 그동안 그렇게 힘들었으니 이제는 다른 성향을 가진 사람을 만나야겠지요. 그리고 남자가 생각하는 사랑은 건강한 사랑이 아닌 연민에 근거하고 있을 가능성이 많았습니다. 물론 사랑이라는 감정 안에는 연민도 포함되어 있을 수 있지만 연민으로 시작한 사랑은 결국 내가 상처받을 가능성이 많습니다.

우리는 사랑에 관한 본질적 의미를 다시 생각해 보려고 노력했습니다. 그리고 연민에 자꾸 이끌리는 그 마음은 자신의 결핍을 채우고 싶어서 상대방에게 자신에 대한 연민을 투사하는 심리적 문제로 접근하여 치료를 진행

해 나갔습니다. 내가 건강해야 건강한 상대를 만날 수 있고 건강한 사랑을 할 수 있습니다.

"여자를 만나지 않을 때는 어떤 마음으로 지내나요?"

"그냥 너무 외로워요. 그래서 제가 너무 빨리 마음을 줘 버렸는지도 몰라요."

사랑에 대한 관점을 조금 비틀어 볼 필요가 있습니다. 세상에는 건강하지 못한 사랑으로 인해 서로에게 깊은 상처를 남기는 사례들이 넘쳐나기 때문입니다. 내가 너무 외로워서, 내가 행복해 지고 싶어서 이성을 찾는 것은 사랑이 아니라 '의존'에 해당합니다. 의존이란 내가 내 자신의 삶의 정서를 혼자서는 해결하기 어렵다는 의미를 가집니다. 스스로 혼자임을 받아들이고 혼자서도 행복을 느낄 수 있을 때, 그때가 비로소 둘이 되어도 행복할 수 있는 시간입니다. 인간의 본질적 외로움을 이성을 찾아 해결하려고 하는 것은 결국 서로에게 상처만 남기게 됩니다. 혼자서도 잘 할 수 있을 때, 그때가 바로 건강한 사랑을 할 수 있는 시간입니다.

내가 가진 문제를 돌아보고 새롭게 변화시키는 치료의 과정이, 내담자가 가진 사랑에 대한 관점과 태도를 변하게 도와주었습니다. 그동안 사랑 때문에 힘들었던 긴 시간이 내담자의 성숙으로 변화되었습니다. 나는 그 남자의 건강하고 아름다운 사랑을 기원하며 기쁜 소식을 기다리고 있습니다.

나는 모든 상황에서 잘못될 수도 있는 부정적인
여지를 남겨두지 않습니다. 언제나 잘된다는 생각과
어두운 이면의 밝은 면만 바라보며 살아왔습니다.

긍정적 멜랑콜리

인간은 본질적으로 혼자이며 외로운 존재라는 것을 정확히 중학교 2학년 때 깨달았습니다. 요즘 아이들은 성숙해서 어쩌면 더 일찍 초등학생일 때 너무 당연한 것으로 수용할 수도 있겠지요. 그때도 나는 거의 매일 글을 썼다고 기억합니다. 늘 나에겐 일기장이 책상 서랍 속에 있었으며(엄마가 중학교 때 나 몰래 서랍을 열어보고 일기장을 훔쳐보신 후, 내 우울한 감정에 겁을 먹고 나를 무척 혼내셨던 기억이 떠오릅니다. 이런...), 마음이 맞는 친한 친구들과 매일 손 편지를 주고받았습니다.

그 내용을 돌이켜보면 대부분 슬픔과 고독에 휩싸인 허무주의의 감성이 나를 지배하고 있었던 것 같습니다. 사춘기였으니까... 그러나 그때부터 나는 다른 사람들보다 슬픔도, 고독도 더 쉽고 강하게 느끼는 사람이 되었습니다.

'멜랑콜리'라는 단어는 어린 날부터 그냥 나의 감정을 압축해 놓은 단어로 생각해왔습니다.

사람들은 슬픔이나 고독이라는 단어가 주는 의미가 어둡고 부정적이라고 생각하는 경향이 있는데, 사실은 그렇지 않습니다. 감정과 사고는 전혀 다른 영역이며, 감정은 사고에 의해 달라질 수 있는 심리현상입니다. 물론 두 영역은 끊임없이 상호작용을 하고 있습니다. 나는 모든 상황에서 잘못될 수도 있는 부정적인 여지를 남겨두지 않습니다. 언제나 잘된다는 생각과 어두운 이면의 밝은 면만 바라보며 살아왔습니다. 그러다보니 감정에 상처가 남들보다 쉽게 생기는 편이기도 합니다. 미리 나쁜 것에 대한 결과는 감지조차 하지 않기 때문입니다. 감정은 사고에 의해 얼마든지 한 순간에도 달라질 수 있지만 나는 내가 느끼는 멜랑콜리한 감정들을 아식도 사랑힙니다.

슬프고 고독한 감정에 긍정적인 사고라니, 의아하게 생각할 수도 있겠습니다. 그러나 충분히 가능한 현상입니다. 생각은 긍정적이지만 감정은 멜랑콜리하다면 그 감정을 승화시킬 수 있기 때문입니다. 슬퍼서 글이 써지고 고독해서 몰입하게 된다는 말이 이러한 근거에서 비롯된 것입니다. 결핍이 아름답다는 말도 결국, 자신의 결핍이 강한 의지를 만들어내고 특별한 몰입을 유도하여 보다 좋은 결과를 가져올 수밖에 없기 때문입니다.

긍정적 사고와 멜랑콜리한 감정의 통합, 멜랑콜리한 감정은 내가 다루는 태도에 따라 전혀 다른 개념이 됩니다. 이러한 나의 신념을 바탕으로 선천적으로 또는 후천적으로 멜랑콜리를 가진 클라이언트를 만나게 되면 나는 더 신이 납니다. 치료를 시작할 의욕이 강하게 생기며 동지애를 느끼기도 합니다. 그들은 대부분 자주 기분이 다운되고 어둠의 터널 속으로 들어가게 된다고, 빠져 나오게 해 달라고 말합니다. 물론 터널을 통과하여 밝은 세상으로 나와야 하는 일은 중요한 치료의 목적이 되지만, 이미 터널 속에 머물고 있다면 분명히 자신의 깊은 무의식이 잠시 어둠 속에 홀로 머물고 싶다는 메시지를 의식에게 신호로 보내는 것입니다. 그럴 때는 잠시 터널에 머물러도 좋습니다. 그 상황에서 벗어나려고 의식적으로 너무 애쓰는 것 보다는 지금의 상황을 긍정적인 시선으로 바라보고 내 마음을 스스로 이해하는 것이 더욱 중요하기 때문입니다.

슬플 때는 슬퍼야 하고 외로울 때는 충분히 외로워야 합니다. 자신의 감정에 충실하게 젖고 나서야 다시 터널에서 나올 힘이 생겨나기 때문입니다. 억지로 감정에서 벗어나려고 발버둥 치면 터널을 나와서 오래 버티지 못하고, 남겨 놓은 그 감정의 잔재를 찾아 너무 빠른 시간 안에 다시 터널을 찾아 들어가게 되기 때문입니다. 소중한 사람과의 이별 후 그 애도기간이 충분히 필요하듯 지금 느끼는 감정에 충분히 젖어들 필요가 있습니다. 이왕 터널 속에 들어왔으니, 어둠 속에서 촛불도 하나 켜고 못 부르는 노래도 불러보며 그 고즈넉한 분위기를 즐겨보는 것이 좋습니다. 이 방법이 우울에서 벗어나는 데 도움이 되지 않은 사람은 아직까지 한 사람도 만나보지 못했습니다.

절망과 깨달음의 관계

확실하게 믿어왔던 어떤 가치가, 그것이 사람이든, 일이든, 삶의 철학이든 어느 날 갑자기 허물어지는 날이 온다면, 그 계기는 절망이 아닌, 깨달음의 동기가 되어야 합니다. 절망과 깨달음의 차이는 한 끝 차이이며, 그 선택은 바로 성숙함의 정도에 달려 있습니다.

어쩔 수 없는 고독

인간은 자유로울 때 가장 행복합니다. 그러나 역설적으로 인간은 자유를 느낄 때 자신을 억압하게 됩니다. 그래서 의식을 가진 인간으로서 우리는 모두 언제나 고독합니다. 어쩔 수 없습니다.

늪에서도 살아남는 자

삶의 늪 안에서 더 큰 세상을 볼 수 있습니다. 고난 속에서도 희망을 품을 수 있듯이 늪 안에서 머무는 시간이 기회가 될 수 있습니다. 물론 늪 안에서 다른 세상으로 나오는 것은 나의 선택에 달려 있습니다. 고난이 선물이 될 수 있는 이유입니다.

잘했어

울 수 있다는 건 내가 간절하다는 의미입니다. 눈물이 난다는 건 내가 꾸는 꿈이 있기 때문입니다. 현실과 이상 사이에는 자주 괴리가 있어 우리를 슬프게도 하지만 펑펑 울 수 있다는 건, 내가 나로 살고 있다는 의미이고 심장이 뛴다는 증거입니다. 간절한 만큼 이룰 것입니다. 눈물 흘리는 만큼 강해질 것입니다. 울 수 있다는 건 참 좋은 현상입니다.

우울에 관하여

우울한 감정은 분명 개인적인 이유가 있기에 발현되는 것입니다. 이유가 없는 우울은 없습니다. 우울한 요인은 누구보다 자신이 잘 알고 있지만 자신의 마음을 살펴보려 하지 않기에 이유를 모르고 있을 뿐입니다. 우울한 감정을 즐기고 싶다면 우울의 메커니즘을 잘 활용할 수 있어야 하며, 우울에서 벗어나고 싶다면 그 요인을 우선 찾는 과정이 필요합니다.

어떤 방향이든 나 자신의 삶에, 그리고 내 기분에 긍정적인 영향을 미치는 것으로 선택하세요.

고독에 대한 관점

고독은 강력한 힘을 가지고 있습니다. 함께 하는 것이 중요하지만, 혼자 하는 것도 중요합니다. 고독은 자신의 생각을 신중히 만나도록 해주며 때로는 놀라운 아이디어를 찾아 주기도 합니다. 고독할 줄 알아야 합니다. 고독이 가진 힘을 모르는 사람은 고독이 슬픈 것이라 생각하지만 그런 한심한 편향은 당장 버려야합니다.

상처받은 자에게 축복이

너무 아파하지 마세요. 시간은 언제나 흐르고 당신의 의지와 노력이 있다면 당신이 지금 힘들어하는 그 상처가 결국, 당신에게 선물이 되고 축복이 되는 날이 반드시 올 것입니다. 자신 있게 약속드립니다.

느낄 수 있다는 것

바람이 불면 부는 대로 햇살이 비추면 비추는 대로, 슬프면 슬픈 대로 기쁘면 기쁜 대로, 내 감각으로 모든 걸 느낄 수 있다는 것은 참 감사한 일입니다.

사막이 아름다운 이유

삶의 무게가 유독 무겁게 느껴지는 날, 내 자신이 무척 안쓰럽게 느껴지기도 하지요. 우리들의 현실은 늘 책임감과 희생과 인내를 요구합니다. 사막의 모래는 깊고 두 다리는 무겁기만 합니다. 그게 우리들의 삶인가 봅니다.

끝없이 펼쳐진 사막에서 어렵게 만나는 오아시스처럼 아주 가끔씩 맛보는 기쁨과 행복. 그래서 우리는 다시 또 앞으로 나아갈 수 있습니다. 그게 바로 사막이 아름다운 이유입니다.

자신감, 그리고 간절함

높은 산을 넘으면 많이 힘이 듭니다. 혼자와의 고독한 싸움, 전쟁터 같기만 하던 산을 넘는 동안 캄캄한 밤이 오면 많이 두렵기도 합니다. 그렇게 하루하루 버티며 걷다보면 어느 날 안전한 마을에 다다를 것입니다. 이제 전쟁은 끝나고 평화로운 마을에서 동네 구석구석 살펴보고 구경하며 또 새로운 경험을 할 수 있습니다.

그토록 가파르고 험한 산을 넘는 동안 쓰러지지 않은 이유는 넘을 수 있다는 자신감과 반드시 넘고 싶은 간절함이 있기 때문입니다. 절대 놓치지 마세요. 자신감과 간절함. 이 두 가지를 반드시 기억하시길 바랍니다.

찬란한 슬픔

슬퍼서 글이 써집니다. 슬퍼서 더 잘할 수 있는 것들이 참 많습니다. 우리는 그런 현상을 '승화'라고 말합니다.

상실의 반복

인생은 상실과 목마름의 반복이지만 어쩌면 그래서 아름다울지도 모르겠습니다. 우리는 그래서 서로를 잃고도 다시 또 누군가를 보듬을 수 있는가 봅니다.

무수한 것들

당신의 불안과 깊은 슬픔을, 삶에 대한 열정을 높이는 자극제로 사용하세요. 선입견은 그릇된 신념들이 모여 형성되는 불필요한 생각입니다. 모든 사물과 사람에 대한 선입견을 버리세요. 세상엔 얼마나 무수한 다양성이 존재하고, 내가 한 번도 경험해 보지 못한 새로움이 넘쳐난다는 사실이 당신에게 작은 충격을 줄 것입니다.

별

조금 더 견뎌 보세요. 고통스러운 시간을 버텨야 합니다. 끝이 보이지 않는 시간이지만 반드시 마침표를 찍는 시간은 옵니다. 모든 고통을 견뎌낸 후에야 당신을 감싸주는 부드러운 빛은 당신이 상상하지 못했던 찬란함입니다. 그렇게 당신도 별이 될 수 있습니다.

몰입을 유도하는 어둠

부정적인 장애물과 해결이 불가능한 상황, 오히려 그 엉망진창인 상황에서 우리는 상상하지 못했던 놀라운 결과를 낼 수 있습니다. 우리는 모두 자신의 삶을 해결할 능력이 있으며 최악의 상황에서 최상의 몰입과 놀라운 에너지가 발휘되기 때문입니다. 우리는 모두 불가능에 달려가서 부딪히고 날아오를 수 있는 힘을 가지고 있습니다.

다만, 당신이 자신의 잠재되어 있는 대단한 능력을 믿지 않을 뿐입니다. 우리는 어둠 속에서 더욱 빛날 수 있습니다.

수다

쏟아내지 못한 이야기들이 얼마나 숨차게 가득했으면 그토록 정신없이 뱉어 냈을까요. 괜찮아요. 잘했어요. 가장 중요한 건 내 마음 속 이야기들이니까요. 참 잘했습니다.

고독의 힘

성장하는 과정은 고독하고 외롭습니다. 그것이 고독의 힘입니다. 고독 속에서도 행복할 수 있는 이유는 능숙해지고 성장하는 자신의 모습을 발견할 수 있기 때문입니다.

기억은 모두 아름답다

지나간 것들은 모두 아름답습니다. 치열했던 너와 나의 고통스러웠던 전쟁터마저, 그 잔상은 아름다운 흑백사진일 뿐입니다.

승화

우리들의 삶은 눈물을 승화시켜 삶의 지식으로 바꾸도록 각자의 부단한 노력을 요구합니다. 삶의 여정에서 고통 받는 존재로 안주하지 말고 고통의 경험으로 세상을 알아가는 존재로서 살아 있기를...

꽃 봉우리가 알고 있는 것

누구보다 아름답게 피어나기 위해 자신을 훈련시키고 인내하고 기다리며 노력하는 그 간절한 아우성이 들립니다. 시간은 흐를 것이고 때가 올 것을 꽃 봉우리들은 잘 알고 있습니다. 고독한 몸부림으로 자신을 연마하는 그토록 길고 긴 시간이 지나면 세상에 피어난 그 어떤 꽃보다 활짝 피어날 것이며, 각별하게 우아한 자태와 고혹한 향기에 바라보는 세상 사람들의 마음에 잔잔한 감동의 물결이 일 것을 꽃 봉우리들은 잘 알고 있습니다.

등대

내가 가야 할 길을 찾아, 혼자 외롭고 고독한 여행을 떠나서, 세상은 어둡고 싸늘하지만 나는 의연한 모습으로 우뚝 서 있습니다. 어둠 속에서도 빛을 내는 법을 나는 알고 있기 때문입니다.

찬란한 슬픔

슈베르트가 말했습니다. 진정한 아름다움은 슬픔으로부터 나온다고. 때로는 슬픔이 기쁨보다 찬란하고, 이별이 만남보다 뜨거울 때가 있습니다. 내가 어떤 의미를 부여하느냐에 따라 달라집니다.

철학이란 인간 삶의 본질을 사유하고 자신이 살아가는 삶의 매 순간을 숙고하는 삶의 태도입니다. 그것이 철학하는 삶입니다.

철학의
실존

물질적으로 풍요로워지고 개인에게 주어진 선택의 자유가 역설적으로 삶의 무게로 자리한 현대사회에서 우리는 자신의 행복을 찾기 위해 노력합니다. 나 자신을 찾아 나서기 위한 여정에 과감하게 용기를 내고 투자를 합니다. '내가 진정 원하는 것은 무엇일까? 내가 소망하는 삶은 어떤 삶일까?'라는 질문과 함께 자신의 본질을 찾아 나서게 된 것입니다. 본질이란 그것을 구성하고 있는 요소들을 의미합니다. 인간의 본질이라는 보편적 개념을 넘어 나의 본질을 알고 싶은 욕망은 그만큼 개인의 의식수준이 향상되었다는 뜻입니다.

욕망과 존재에 대한 호기심이 지적인 호기심으로 발전하며 삶에 대한 고뇌와 인간의 마음에 대한 탐색에 중심을 둔 인문학에 관심을 보이고 있습니다. 유행처럼 퍼진 인문학의 개념이 이제는 자본시장에서도 경영과 유지의 윤활유 역할까지 하고 있습니다. 인문학 없이는 모든 현상과 관계를 말할 수 없으며, 기업이 완성될 수 없게 된 것입니다.

철학이란 인간 삶의 본질을 사유하고 자신이 살아가는 삶의 매 순간을 숙고하는 삶의 태도입니다. 그것이 철학하는 삶입니다. 모든 현상을 이해하기 위해서는 그것의 본질을 파악하는 것이 가장 중요한 과정입니다. 나를 알고 타인을 이해하고 인간의 본질과 삶의 진리를 깨닫고, 그 진리를 통해 다시 나와 세상의 상호작용을 이해하는 과정입니다. 본질을 바탕으로 구성된 개념이 진리이며, 진리는 시간의 맥락에 따라 변하는 것이지만 인간과 삶을 구성하는 그 본질은 영원한 것입니다.

우리는 당연하고 익숙한 것에는 둔감하기 쉽습니다. 늘 일어나는 현상과 항상 바라보는 내 모습은 새로울 것이 별로 없기에 마치 자신은 이미 다 알고 있다고 생각합니다. 그러나 그렇게 확신하기에 인간은 몹시 복잡한 유기체입니다. 끊임없이 관찰하고, 생각하고, 변하는 세상과 진리를 감지해야 합니다.

놓치고 살아가는 것들이 참 많습니다. 나를 구성하고 있는 요소는 무엇입니까? 내가 가는 삶의 방향은 올바른 것입니까? 급할수록 천천히 가라고 했습니다. 앞만 보고 달려가느라 놓치고 있는 삶의 소중한 진리들을 이곳에 담아 보았습니다. 사유하고 숙고하는 질 높은 삶, 그 길에서 우리가 함께 하길 소망해 봅니다.

서사

인간은 자신이 누구인가를 끊임없이 규정하고자 합니다. 그렇게 반복하며 시간은 흘러가고 삶은 변해갑니다. 그런 과정은 개인 삶의 역사가 되고 곧,

아름다운 서사가 됩니다. 사유하는 삶이 아름답습니다.

기다려야 오는 봄

믿음이 있을 때 기다릴 수 있습니다. 당신이 믿고 있는 그 사람은 언젠가는 변하고 언젠가는 해낼 것입니다. 아름다운 꽃이 피어나려면, 꽃이 피는 날을 꿈꾸는 기다림이 필요합니다.

희망의 승리

통로를 찾을 수 없는 곳. 먼지만한 빛도 보이지 않는 어둠 속에 갇혀 있나요? 절망하지 말고 기다리세요. 두려움과 공포 속에서도 나를 찾아올 한 줄기 빛을 믿고 또 기다리세요. 춥고 무섭겠지만 한 순간도 희망을 포기하지 마세요. 결국, 당신의 희망은 승리할 것입니다. 하늘의 문이 활짝 열리고 눈부시게 쏟아지는 그 커다란 빛에 비로소 당신은 기쁨의 눈물을 흘리게 될 것입니다.

역행

사람도 변하고, 사랑도 변하고, 기쁨도 변하고, 고통도 변하고, 삶은 끊임

없이 변하며 흘러갑니다. 변화는 삶의 필연적인 부분이지요. 변화를 막으려고 애써 노력하는 행위는 삶에 역행하는 것일 뿐입니다.

내공

당신이 행한 만큼 돌아올 것입니다. 당신이 쏟은 마음과 노력을 억울하다고 생각하지 마세요. 당신이 쏟은 것들은 절대로 허공으로 흩어지지 않습니다. 결국 언젠가는 그곳이 아닌 다른 곳에서 다 보상받을 것입니다. 그게 삶의 이치입니다.

글이나 그림이나 다이어그램

메모하는 습관은 모든 일에서 아주 중요한 도구입니다. 문득 떠오르는 생각을 요약하여 글로 옮기고, 본질을 파악하여 그림을 그리고, 핵심을 정리하여 도표, 또는 다이어그램으로 만듭니다. 개념을 충분히 이해했다면 모두 쉽게 할 수 있습니다.

파리의 오래된 수동 지하철을 탄 후

만연하게 주어지는 이상향과 편리함을 쫓지 않으며, 탄탄한 나만의 자리를 만들고, 그 자리를 지키려는 태도와 그 가치에 주목해야 합니다.

흐름에 따르고 선율을 타는 것이 순리

시간을 타고 흘러가는 우리들의 삶은 흐름을 타는 것이 중요합니다. 흐름을 놓치면 불필요한 것들이 침투하기 마련이기 때문입니다. 인간관계든, 내가 하는 일이든, 내가 느끼는 어떤 감정이든, 물이 흐르듯 흐름을 따라 선율을 타는 것이 순리를 따르는 것이며, 가장 올바른 삶의 해답을 찾을 수 있습니다.

불면증의 원인

불면증은 이유가 있습니다. 그 이유는 누구나 스스로 잘 알고 있습니다. 잘해야 한다는 생각이 가득하면 사람은 불안할 수밖에 없습니다. 조금 욕심을 내려놓을 필요가 있습니다. 그저 최선을 다 하십시오. 그에 따른 결과는 그 어떤 것이든 스스로 고개를 숙여야 합니다. 부족하면 부족한대로 수용하고, 좋으면 기쁘게 감사하며, 그렇게 세상이 주는 보답에 순응하는 것이 바로 지혜입니다.

스스로 지켜야 할 권리

우리들은 모두 상처받지 않을 권리가 있으며, 사랑받을 권리가 있습니다. 그 고유하고 존귀한 권리를 잃어버리지 않기 위해서는 불가피한 각자의 의도와 노력이 요구됩니다. 당신의 상처받지 않을 권리와 사랑받을 권리를 스스로 지켜주세요.

산이 전해주는 이야기

산등성이의 굴곡은 우리들의 삶을 고스란히 보여줍니다. 산등성이를 힘겹게 오르고 나면 비로소 가쁜 숨 몰아쉬며 잠시 멈출 수 있습니다. 산등성이에서 바라보는 아래의 인간사는 먼지처럼 작아지고 부질없다는, 산이 알려주는 삶의 이치를 우리는 미리 배웁니다.

미래를 위한 중요한 능력

당신이 하는 일의 본질을 꿰뚫고 관계된 많은 일들의 관계를 명확하게 파악하고 있나요? 이런 능력을 '통찰력'이라고 합니다.

결핍은 노력의 근원

신은 절대로 다 주시지 않습니다. 당신이 모든 것을 다 가졌다면 어떻게 살고 있을까요? 부족한 부분이 있고, 결핍된 부분이 있기에 우리는 더욱 노력하며 살아갈 수 있습니다. 모든 존재에 빛과 그림자가 함께 공존하는 이유입니다.

당연한 각오

힘든 길이란 걸 알면서도 선택했으니 마땅히 어렵고 고달파야 합니다. 쉽게 이루는 것엔 그 무엇에도 기쁨을 느낄 수 없습니다. 얻는 만큼 고단할 것입니다.

예술이 허구라고요?

예술은 인간의 차마 드러내지 못하는 본질적 모습을 드러낼 수 있는 도구입니다. 예술을 통해서는 숨기거나 절제하지 않고, 본래의 모습을 드러낼 수 있기 때문입니다. 따라서 예술은 곧 인간의 실존이자, 세상의 진리입니다. 예술은 추상적인 상상 속의 허구가 아닙니다.

그저 소중한 찰나

그 무엇 하나 소중하지 않은 경험이 없습니다. 괴로움을 극복하고, 기쁨을 맛보고, 깊은 슬픔을 느끼고, 아픈 상처의 통증을 느끼고, 꿈을 꾸고, 때로는 좌절에 이르고, 그토록 열망하는 모든 것들까지, 무엇하나 버릴 것이 없습니다. 그 모든 경험이 통합되었을 때 비로소 내가 성장하고, 삶은 풍요로워 지기 때문입니다.

반드시 한 줄기 빛

때로는 몸부림치며 거부하고 싶은 일들이 우리 삶의 필연으로 눈앞에 나타나 그 앞에 무릎을 꿇고 굴복해야 할 때가 있습니다. 그러나 망연자실한 중에도 감사할 것들을 찾는 사람들은 분명 그림자 뒤에 숨어 있는 한 줄기 빛을 만나게 됩니다.

굴복하고 넘어지고 상처가 나도 버티며 갈 수 있는 이유는 우주의 만물과 세상 속 모든 현상엔 빛과 그림자가 반드시 공존하기 때문입니다. 당신의 삶에서도 굴복한 슬픈 형체의 그림자 뒤에 숨어있는 한 줄기 빛을 놓치지 않기를...

망각

또 다시 밤은 오고 치열했던 낮은 잊혀 집니다. 그게 순리입니다. 괜찮습니다.

Here and Now

무엇을 하든 지금 이 순간에 몰입하는 모습이 가장 아름답습니다. 무엇을 하든 지금 이 순간을 즐기는 태도를 가진 사람은 행복할 자격이 있습니다. 지금 이 순간이 내 삶에서 가장 간절하고 소중하기 때문입니다. 행복은 기다리는 것이 아니라, 그냥 지금 이 순간일 뿐입니다.

지배가치

항상 함께하는 고정된 관념들과 정지된 기호들. 그러나 반드시 변질되고야 마는 실존에서의 모든 사물과 사람과 가치들. 이들 사이의 간격은 누가 어떻게 채울 수 있을까요? 중심가치, 즉 사회를 움직이는 지배가치가 없다는 것이 대한민국의 가장 큰 문제입니다. 나부터 달라져야 합니다.

진짜 공부란

다양한 분야의 지식들이 서로 연결되지 않는 것이 없습니다. 모든 분야의 지식은 서로 호용하는 관계를 이루고 있습니다. 그 관계들을 발견할 수 있을 때 비로소 새로운 지식이 생성됩니다. 이 단계에 이르면 진짜 공부가 시작된 것입니다.

위대한 예술이여

모든 예술은 개인의 경험을 사유하는 과정을 통해 창조됩니다. 시대의 변화는 얼마나 대단한 것인지요. 과학에 대한 오랜 신념을 깨버린 토마스 쿤이 세상의 고정된 관념에 대한 혁명을 일으켰으며, 이제는 모든 학문이 예술을 통해 설명되지 않으면 더 이상 사람들을 설득하기 어려운 역설적인 상황이 되어 버렸습니다. 강력한 통찰을 요구하는 이 시대에서, 가장 그 가치를 인정받고 있는 영역은 예술입니다.

통찰

이 시대의 핵심적인 사유의 모델은 단순한 철학적 사유나 개념이나 논리,

또는 언어가 아닙니다. 새로운 사유의 모델은 이미지를 통한 예술입니다. 미래를 이끌고 갈 요소들은 예술적, 심리적, 정서적인 것들입니다. 고리타분한 이데올로기는 저문 지 오래입니다. 이제는 우리들의 삶에서 중요한 철학도 예술을 통해 깨달아야 합니다. 그러한 과정은 개인에게 통합적 통찰에 이르게 하며 통찰은 곧 미래를 이끌고 갈 가장 중요한 능력입니다.

아이디어의 배경

새로운 아이디어는 빈 공간에서 나오지 않습니다. 데이터베이스가 클수록 직관의 가능성은 커집니다. 비로소 직관이 왔다면 떠오른 시각적 심상을 논리적인 사유의 과정을 통해 이미지로 구체화 합니다. 내 것이 되는 과정입니다. 생각은 가득한데 무언가 잡힐 듯 잡히지 않을 때 종이와 펜을 들고 낙서하듯 그림을 그려보세요. 하루가 다 가기 전에 당신의 머릿속에 밝은 전구가 켜 질것입니다.

훈련

기다림이 해결해 주지 못하는 일은 없습니다. 최선을 다 했다면, 온 마음으로 다 했으면 이제 기다리면 됩니다. 지금 당장 내가 원하는 상황으로 바뀌지 않아도 믿음을 가지고 묵묵히 인내하고 기다린다면 반드시 기쁜 변화가 오기 마련입니다. 우리는 좀 더 기다리는 연습이 필요합니다.

책은 실존이다

책을 통해 경험하는 삶은 허구라고 생각하나요? 분명 잘못된 생각입니다. 이론은 실제를 바탕으로 도출된 것이며 책 속엔 경험이라는 실제를 통해 발견된 것들과 긴 시간 동안 깊은 사유를 통해 깨달은 것들로 가득 차 있습니다. 그것이 아무리 개인적인 맥락이라 할지라도, 우리 모두는 분명 다양하고 새로운 것들을 얻게 되며, 책과 나의 만남은 곧 직접적인 경험이 됩니다.

충성하는 노력

노력이 주인을 배신하는 경우는 없습니다. 다만, 노력의 대가를 맛보기 위해서는 자신의 노력에 대한 절대적인 믿음과 긴 시간의 기다림과 인내가 필요할 뿐입니다.

합리화

나이를 먹는 다는 건 아름다운 일입니다. 모든 의문에 대한 답을 알고 있으며 사람의 마음을 움직이게 하는 능력은 많은 경험과 시간의 흐름을 요구하기 때문입니다. 부디, 아름답고 품위 있게 흘러갑시다.

뭣이 중해?

노래하거나 입 맞추는 것. 시나 만화를 읽는 것. 음악에 영혼을 위탁하는 것. 그리고 작은 것에 감탄하는 것. 더 소중한 것은 무엇인가요?

득과 실

한 부분이 충족되면 다른 한 부분이 비워지기 마련입니다. 다 가질 수 없듯이 다 좋을 때는 인생에 없습니다. 중요한 것은 모든 상황에서 진리를 수용하는 마음의 태도입니다.

행복한 사람들

예술의 길은 고독하고 고통이 수반되지만 지하의 작업실에서 세상 밖으로 나왔을 때 사람들로부터 공감 받는 그 순간에 느끼는 희열과 성취감은 그 무엇과도 비교할 수 없습니다. 예술가가 행복한 이유입니다.

잘난 척의 도구, 지식

남들에게 과시만 하는 지식은 진짜 지식이 아닙니다. 모든 지식을 삶에 적용하지 못한다면 그 지식이 어떤 가치가 있을까요. 공부한 대로 행동하지 않는다면 그 지식이 어떤 의미가 있을까요. 실제적이지 못한 지식은 허구일 뿐입니다. 고립된 지식을 자기과시를 위한 도구로 사용하고 있지는 않은지,

비판적으로 나를 돌아보며 내 지식의 실존을 점검해 볼 필요가 있습니다.

지식과 경험의 통합

지식이란 책이나 학습을 통해서만 얻는 것을 의미하지 않습니다. 실제 경험하는 삶의 모든 상황은 바로 새로운 지식이 될 수 있습니다. 물론, 지식이 되는 가, 되지 않는 가의 문제는 개인의 역량이지만 지식에 풍부한 경험이 더해질 때 바로 지혜가 되는 것입니다.

세상 속 나

나의 의식이 세상에서 어떤 방식으로 기능하는지, 나의 작은 능력이 사회적으로 어떤 가치를 지니는지, 한 사람으로서 단 한 번의 생을 살아가며 늘 상기해야할 문제입니다.

나도 부족한 사람

시행착오는 늘 있기 마련입니다. 무엇이 잘못되었는지를 명확히 파악했다면 차분한 마음으로 천천히 처음부터 다시 바로잡아 가면 됩니다. 그 시간은 또 다시 대단한 인내심을 요구하지만 예측하지 못했던 엄청난 성장을 가져다주기 마련입니다. 하루의 삶을 가치 있게 사는 것은 자신에 대한 반성적 태도와 비판적 견해를 갖는 일입니다. 남을 판단하기 전에 우선 나를 살펴야 하지 않을까요?

지금이 좋은 이유

시간의 흐름은 경험을 두텁게 해주고 늘어가는 나이의 숫자는 지혜의 깊이와 비례하니 일생의 모든 순간은 다 아름답지 않은가요?

궁금하게 만들고 질문하게 만드는 것, 교육

호기심은 질문을 만들고 그 질문에 대한 적절한 대답은 상상력의 향상을 도울 수 있습니다. 교육의 현장은 지식의 전달이 아닌 호기심을 유발하여 질문을 유도해 내는 공간이 되어야 합니다.

개인의 실존, 고유한 나

인간에게 죽음보다 중요한 것은 죽음까지 걸어가는 그 과정입니다. 그 긴 과정에서 개별적 주체성은 자신의 잠재된 능력을 발견하고 주관적 이성에 의해 진실한 자유함을 얻습니다. 있는 그대로의 모습으로 자신의 삶을 살아가기 위해서는 주체적 자유함을 얻고 주체적 자각과 결단까지 스스로 결정할 수 있습니다. 실존이란 결국, 고유한 자신을 의미합니다.

사랑해야할 때

사랑하고 싶나요? 사랑하고 있는 사람도 사랑하고 싶고, 사랑하고 있지 않은 사람도 사랑하고 싶습니다. 우리는 모두 어떤 상황에서도 늘 사랑하고 싶어 합니다. 사랑은 내가 원하는 때에 오지 않고 내가 원하지 않을 때에 오기도 합니다. 그런데 나 자신을 사랑하지 못할 때는 다른 사람들이 날 사랑해 주기는 어려운 일입니다. 내가 나를 온전히 이해하지 못하는 데 어찌 다른 사람을 이해할 수 있을까요.

자존감이란 나 자신을 있는 그대로의 모습으로 사랑해 주는 것을 의미합니다. 불완전한 나의 모습을 사랑하고, 나의 취약점에 당당해지는 그 날, 당신이 기다리는 그 사랑은 어느 날 소리 없이 문득 당신에게 올 것입니다.

행복은 느끼는 것

행복은 목표한 결승선에 도달 했을 때 비로소 만나는 것이 아닙니다. 그 결승선에 도달하기 위한 분투의 과정, 바로 지금이라는 시간 위에 행복이 있습니다. 완벽한 과정도 완벽한 결과도 없듯이, 완전한 행복은 어디에도 없기 때문입니다. 결승선으로 향해가는 지금의 과정에서 행복을 느낄 수 없는 사람은 목표한 결승선에 도달했을 때도 행복을 느낄 수 없을 것입니다.

거기

당신이 행복할 수 있는 방법은 무엇일까요? 당신이 간절히 원하는 것은 무엇인가요? 아직 그 답을 찾지 못했다면, 외로움이라는 당신 내면의 한없이 깊은 오지에 도달해 보지 못했다는 의미입니다. 비로소 나의 본질로 회귀할 수 있는 그 곳에 말입니다.

귀를 기울이기

내 앞에 닥친 어떤 문제를 해결하기 위한 철학적 알고리즘의 이면에는 대부분 나의 편향적 신념이 숨어있을 가능성이 큽니다. 인간의 마음과 마찬가지로 세상의 지식은 매우 복잡하고 방대합니다. 나의 의식에서 벗어나 다른 사람의 의식으로 세상을 바라보는 일은 불편을 줄 수도 있으나, 자신의 중요한 맹점을 새롭게 발견할 수 있는 깨달음의 기회가 될 수 있습니다. 삶의 문제를 지혜롭게 해결하기 위한 방법은, 내가 생각하는 그 범위를 벗어날 수 있을 때 비로소 찾게 될 수 있기 때문입니다.

타인에게 관대할 수 있는 자

누구나 이론적으로 또는 공식적으로는 건강하다고 할 수 없는 정신적 문제들을 가지고 살아갑니다. 모든 사람들이 치료의 대상이 되는 심리적 문제들을 가지고 있다는 것입니다. 중요한 것은, '그 문제가 무엇인지 자신의 문제에 관해 올바로 인지하고 있느냐'입니다. 그 문제는 사람마다 다르다고 볼 수 있습니다. 물론, 인지하고 있는 사람보다는 인지하지 못하고 있는 사람들이 더 많습니다.

보다 중요한 것은, 그 문제를 인지하고 있다면 자신의 것으로 인정하고 수용하는 것입니다. 그런 후에는 숨기거나 부정하거나 회피하지 않고 당당히 드러낼 수 있다면 그런 사람을 이론적, 논리적 관점이 아닌 실존적 관점에서 건강한 사람이라고 말할 수 있습니다.

자신의 취약성을 당당히 드러낼 수 있는 이유는 그 취약성을 긍정적인 삶의 기량으로 승화시킨 사람들이기 때문입니다. 그런 사람들은 자신의 취약성을 오히려 사랑하게 되며 나아가 타인의 취약성에도 관대해질 수 있기에, 사람들에게 늘 따뜻하고 친절한 태도를 보입니다.

나를 이해하고 나의 취약성을 인정하고, 그것을 긍정적인 기량의 도구로 활용하여 당당히 드러낼 수 있다면 당신은 건강한 사람입니다. 치료적 대상인 심리적 문제는 없습니다. 다만, 그 문제를 어떻게 다루어나갈 것인가의 문제가 우리들 삶의 중요한 문제입니다.

축복

어떤 극한의 상황에서도 절대로 포기하지 마세요. 절대로 절망하지 마세요. 인내와 믿음, 그리고 몰입의 결과는 반드시 기쁨이 되어 돌아옵니다. 결국, 성장은 포기하지 않는 자만이 누릴 수 있는 삶의 축복입니다.

로또 같은 인생

이것 좀 해보고 저것도 좀 해보다가 '나는 왜 되는 일이 없을까?'라는 생각을 하는 사람들이 있습니다. 생각은 점점 편협하게 되어가고 나를 인정해주지 않는 세상에 대한 분노도 함께 생겨납니다. 내가 가장 자신 있는 일, 내가 가장 하고 싶은 일, 한 가지만 선택해서 아주 오랜 시간을 투자하고, 남과 다른 방법을 고민하며 단 하루도 그 일에서 떠나지 않는다면, 어떤 일이든 언젠가는 반드시 이루어낼 수 있습니다.

다른 사람들은 왜 쉽게 이루냐며 '나는 운이 없는 사람'이라고 말하는 사람들은 그 잘못된 사고가 성공을 방해하는 요인입니다. 쉽게 이루는 사람은 한 사람도 없으며, 쉽게 이루어지는 일 또한 없습니다.

그 사람의 삶에 침투하여 바라보지 않으면서 다른 사람의 성공을 그저 쉽게 말하지 말아야합니다. "내가 그 일에 얼마큼의 남다른 열정을 가졌는가? 얼마나 오래 인내하고 노력했는가? 나는 실수를 두려워하지 않고 실패를 성장의 계기로 삼을 준비가 되었는가?"라는 질문에 대답할 수 있어야 합니다.

로또를 사기위해 몇 걸음 걸어가고 당첨번호발표를 기다릴 시간에 이런 고민을 해 보면 좋겠습니다. 세상에 로또 같은 인생은 없습니다.

사랑이 본질이다

사랑은 인간의 본질적 욕구입니다. 먹고 마시고 잠을 자야 살 수 있듯이 사랑은 인간의 정신에 채워지는 영양소입니다. 그래서 그 사랑이 사라지면 우리는 모두 슬프고 아픕니다. 사랑하는 시간만큼은 온전한 나로 살 수 있으며, 가장 본질적인 나로 돌아갈 수 있습니다. 우리는 사랑할 때 가장 행복합니다.

생각을 생각하기

생각을 생각하세요. 주기적으로 자동차를 검사하듯, 당신의 생각도 주기적으로 점검해야 합니다. 내가 하는 생각이 나의 삶에 어떤 의미를 주고 있는지, 관계에 좋은 영향을 미치는지, 나를 즐겁게 해 주는지 점검하고, 문제가 있다면 바로 교정해야 합니다. 생각은 감정을 움직이게 하고, 감정은 행동을 변하게 합니다.

삶은 태도의 선택

우리는 어떤 환경에서도 자신의 태도를 선택할 수 있습니다. 어떤 고통이 있을지라도 자신이 처한 환경과 자신이 속한 세계를 바라보는 방식을 바꿀 수 있는 능력이 우리 안에 잠재되어 있습니다. 그 능력을 발휘하는 태도에 대한 선택은 내가 하는 것입니다.

내가 가진 것, 네가 가진 것

무엇이든 타인과 비교해 생각해보면 나의 불행한 부분이 부각되기 마련입니다. 삶은 보여 지는 것이 전부가 아니기에 타인의 삶도 판단할 수는 없습니다. 내가 가진 것들, 내가 가진 상황, 내가 가진 환경, 내가 가진 강점과 능력 안에서 최상의 행복을 만들어 간다면, 그 삶이 최고의 삶입니다. 지금 내가 남들보다 힘든 이유는 더 나은 미래와 더 성장하기 위해 준비하는 시간이기 때문입니다.

내가 갖지 못한 것을 갈구하기 보다는 내가 가진 것을 사랑하며 살아야 합니다. 그렇게 살다보면 갖고 싶은 것을 얻게 되는 날이 올지 또 누가 압니까.

두려움의 다른 이름

높은 벽이 내 앞을 가로막고 있다면, 그래서 앞으로 나아가지 못하고 있다면, 그 본질적 원인은 두려움입니다. 두려움 안에는 자신을 낮추지 못하는 것, 타인을 의식하는 것, 자의적 신념에 갇혀 있는 것 등 많은 것들이 포함됩니다. 높은 벽을 부수어버리면 새로운 세상이 보일 것입니다. 그 벽을 부수기 위해서는 큰 용기를 필요로 합니다. 부숴버려야 합니다. 그 벽은 나 스스로 쌓은 것이기에 내가 허물 수 있습니다.

미래?

지금 이 순간에 즐거움을 느끼지 못하는 사람은 미래에도 행복을 느낄 수 없습니다. 어떤 상황에서도 다행스러운 요소들을 찾아 소소한 행복을 느끼고 감사해야 합니다. 우리들의 인생에 특별하고 대단한 행복은 없습니다. 매 순간을 살아가는 마음속에 행복이 있을 뿐입니다.

경험은 지식의 어머니

남이 만들어 놓은 오래된 진리만을 떠드는 시대가 아닙니다. 내 삶의 경험을 바탕으로 설득력을 생성해 냅니다. 근대적인 지식구조로 현상을 바라본다면 창의적 사고를 할 수 없습니다. 오직 경험만이 새로운 지식의 단초가 될 수 있습니다. 살고, 느끼고, 경험하고, 찾고, 발견하는 과정은 얼마나 설레는 일인가요.

내 마음의 평화

내 마음의 평화를 위해 필요한 것은, 나도 불완전한 인간이고, 너도 불완전한 인간임을 인정하는 것입니다. 사랑에는 이별이 따르고, 행복의 완전함은 없으며, 완성된 삶이란 누구에게도 없음을 다시 한 번 인정하는 것입니다.

열등감 이면의 실존을 바라보기

인간은 누구나 열등감을 가지고 있습니다. 말 한마디도, 행동 하나도 모두 우리의 무의식이 작동시킬 때는 자신이 하는 말과 행동이 상대에게 어떻게 비추어지는지 자신은 잘 모르기 마련입니다. 결국, 열등감은 방어기제를 발동시키고, 자존심을 내세우는 사람으로 무장하게 됩니다.

인간의 마음은 너무 나약하지만, 인간의 본능은 강합니다. 각자 자신의 자리에서 살아남기 위한 치열한 발버둥을 치고 있으니, 자신에게도 타인에게도 상처를 주고받으며 살아갈 수밖에 없습니다. 우리는 서로 가시적인 것들을 바라보며 판단하지 말고 말과 행동 이면에 있는 본질적인 진실의 의미를 들여다 볼 줄 알고 이해할 수 있어야 합니다. 그래야 내가 편안해지고 관계가 원만해집니다.

사랑하세요

스티븐 잡스가 그의 생에서 이루지 못한 것은 생명에 대한 사랑이었습니다. 신이 디자인한 자연과 생명의 아름다움은 모두 함께 존재할 때만 유지될 수 있습니다. 그가 후회하고 회개한 것은 스스로 자유롭지 못했던 것, 자연의 아름다움을 느끼지 못했던 것, 사람들과 따뜻한 배려와 사랑을 나누지 못했던 것, 그로부터 예술과 감성을 멀리했던 것입니다. 결국, 삶에서 가장 중요하고 가치 있는 것이 무엇인지 한 단어로 함축될 수 있습니다.

"사랑"

봄이 와야 꽃은 피고

봄이 오면 숨죽였던 꽃들이 비로소 제 본연의 모습을 드러내며 활짝 피어납니다. 그렇게 순리대로 살아야지요. 추운 겨울에 제아무리 피어나고 싶다고 꽃을 피울 수 있나요. 계절을 거슬러 갈 수 없듯이 모든 일도 거슬러 할 수 없는 일입니다. 한 겨울에 꽃을 피우려고 몸부림을 쳐 봤지만 아직 봄이 오지 않은 것을... 길고 긴 겨울 동안 참고 인내하고 나서야 비로소 흐드러지게 피어난 개나리 앞에서 나의 오만은 겸허히 고개를 숙입니다.

물처럼 흘러가는 신념을

꾸준하고 성실한 노력에 의한 지식의 성장은 직상승과 수평선의 반복으로 이루어집니다. 그러나 잠시라도 방심하고 멈추게 되면, 순식간에 하강하게 됩니다. 삶은 한 순간도 우리에게 녹녹치 않으며, 세상은 게으른 자의 편에서 주지 않습니다. 지식이 가진 의미는 종일 책을 보고 공부에 매진하는 것을 의미하지 않습니다. 세상의 흐름과 다양한 인간이 그리는 큰 그림의 총체성과 다양성, 그 속에서 빠른 변화들을 인지하고 깨닫는 것을 의미합니다. 즉, 통찰력을 의미하는 것입니다.

눈과 귀를 열고 마음을 여는 태도는 겸손한 마음으로 더 많은 것들을 배우게 해주고, 세상의 흐름과 변화를 감각적으로 깨닫도록 도와줍니다. 오늘 가졌던 신념을 내일은 버려주세요. 고정된 신념은 개인의 성장을 방해하는 편견만을 만들어 줄 뿐입니다.

나르시시즘

나르시시즘(narcissism)의 본질은 중요한 타자에게 있어, 내가 유일한 존재가 되길 갈망하는 것입니다. 그 유일함에 대한 갈망은 본질적으로 충족될 수 없습니다. 그래서 인간은 함께 있어도 외롭고, 사랑하는 사람이 있어도 외롭고, 항상 외로운 존재임을 피할 수 없습니다.

나이를 먹는 다는 것

시간이 흐르고 흘러 세월로 흐르고, 그 세월이 알려준 소중한 가치. 이제는 내 마음의 빈번한 오차나, 세월이 만들어 놓은 삶의 흠집들까지 모두 사랑할 수 있습니다.

빛을 바라보는 사람

삶은 내 뜻대로 되지 않는 순간이 더 많습니다. 아프면 안 되는 때에 아프기도 하고, 일이든 사랑이든 최선을 다 했지만 실패를 경험하기도 합니다. 어느 때는 아주 착하고 성실하게 살고 있지만, 나에게만 나쁜 일이 벌어지기도 하고, 가끔은 나 혼자만 아프고 슬프다고 느껴지기도 합니다. 어느 날은 내가 가려는 길에서 반대로 거슬러가기도 하고, 잘 걸어가다가도 넘어지고 다쳐 한 순간에 모든 것이 수포로 돌아가기도 합니다.

누구나 그런 경험을 하면서 세월이 흐릅니다. 다 비슷합니다. 가진 만큼 더 아프기도 하고, 못 가진 만큼 더 행복하기도 합니다. 내 뜻대로 이루어나가는 것이 참 어려운 삶의 여정에서, 누구나 경험하는 그 힘겨운 과정에서, 무엇을 버리고 무엇을 잃는지, 무엇을 얻고 무엇을 배우는지는 각자의 생각과 태도에 달려 있습니다. 세상에 존재하는 모든 것에는 빛과 그림자가 공존합니다. 우리는 힘들 때 그림자 보다는 빛을 바라볼 줄 아는 사람들이 되어야 합니다.

흘려보내라

가끔은 고인 물을 흘려보내야 합니다. 물이 고이면 썩듯이 사람의 마음도 곪아 병이 됩니다. 흘려보내세요.

고통을 노래하는 철학

소크라테스의 위대한 철학조차 그의 삶을 통한 경험에서 온 것입니다. 진리는 모두 실제에서 비롯된 것이며, 철학은 뜬 구름 잡는 소리가 아니라, 삶의 진리이고, 진리를 사랑하는 태도가 곧 철학입니다. 철학은 그 어떤 지엽적인 과학보다 위대합니다. 고통 없이 무엇을 이루고, 아픔 없이 무엇을 얻을 수 있겠습니까? 쉽고 편하게 가는 인생에 가치란 없습니다.

경이로운 삶

때로는 내 안의 불안이 경이롭게 느껴집니다. 내가 살아있다는 증거니까요.

자신감이 든든한 빽

자신감이 높은 사람은 겸손할 수 있습니다. 자신이 가진 능력을 권위로 나타내지 않고, 나보다 못한 사람에게 고개 숙여 인사할 수 있는 사람은 그만큼 치열하게 노력해 온 이면의 삶이 있기 때문입니다.

성숙한 사람

배울 점이 없는 사람은 아무도 없기에, 모든 사람에게서 배울 점을 알아차리는 사람은 성숙한 사람입니다. 삶의 경험을 통한 알아차림과 깨달음은 성숙이라는 과정을 선택하게 하므로 나이가 들어간다는 것은 아름다운 것입니다.

수용 후에 오는 자유

삶의 뒤안길에는 슬픔도 있고, 상처도 있고, 좌절도 있고, 마지막에는 죽음이라는 것이 우리들을 기다리고 있으나, 그 모든 것들은 성숙해 짐에 따라 용해되고 변하며, 결국 모든 것들을 수용하는 마음의 힘이 생기게 됩니다. 그 날이 진정 자유로워지는 날입니다.

변화

우리들의 모든 경험들은 시간과 함께 흘러갑니다. 모두 지난 일이 되어 버리면 경험의 이야기들은 변하기 마련입니다. 그래서 아프고 고통스러웠던 경험이 삶의 선물이 되어, 축복으로 변하기도 합니다. 그렇게 시간의 맥락에 따라 전혀 다른 이야기가 되기도 하며, 환경과 장소의 맥락에서도 완전히 다른 이야기가 되기도 합니다. 강물 따라 흘러가는 우리들의 수많은 이야기들이 그 강물의 저편에서는 어떤 새로운 이야기가 될지 궁금해집니다.

질문하는 사람

삶이란 끊임없이 나 자신에게 질문하고 그에 대한 올바른 해답을 찾아가는 과정입니다. 자신의 십자가를 짊어지고 가는 과정에서, 그 방법을 결정하는 것은 단 한 사람, 오직 나에게만 주어진 기회입니다.

흘러가야 아는 것

세월이 흐르면 알게 됩니다. 급할 이유가 전혀 없었다는 걸. 잠시 멈추고 쉬어 간다고 해서 뒤처지거나 퇴보하는 것은 아니었다는 걸. 긴 삶의 여정에서 그만큼의 시간은 결국 아무것도 아니었다는 걸. 멈추었던 시간까지도 내게 큰 가치가 있었다는 걸. 자꾸만 조급해 하는 자신에게 말해주세요.

"천천히 해도 괜찮아!"

고민되는 이유가 있다

확신이 서지 않고 할까 말까 고민되고 이럴까 저럴까 자꾸 망설이게 되는 일은 하지 않는 쪽을 택하는 것이 좋습니다. 그럴 경우에 후회는 하지 않았을 때 보다, 했을 때 하게 될 확률이 더 높기 때문입니다. 우리들의 무의식은 직관으로 나타나기 마련입니다.

경험한 대로 사는 사람들

모든 인간의 무의식에는 선과 악이 공존합니다. 세상이 악한 자로 만들면 악이 발현되고, 세상이 선한 자로 인정하면 선이 발현됩니다. 꽃을 보고 아름답다고 느끼지 못하는 사람은 꽃이 아름답다는 것을 가르쳐 준 세상이 없었기 때문입니다. 세상에는 나쁜 행위가 존재할 뿐, 나쁜 사람은 존재하지 않습니다.

영혼의 자유

영혼의 자유란 생각에 날개를 다는 것을 의미합니다. 삶의 모든 부분에 융통성 있는 사고와 의미를 부여할 수 있는 능력입니다. 영혼이 자유롭다는 것은 고통이 주는 의미를 안다는 의미이기도 합니다. 자유한 영혼은 최악의 상황에서 버티는 방법을 잘 알고 있기 때문입니다. 약해 보이지만 강한 정신력을 가진 사람은 그러한 정신적 자유를 가졌다는 의미입니다.

"언제나 그대가 자유롭기를..."

나부터 사랑하고

누구나 개인이 가진 고유한 본성이 있습니다. 인문학에서는 인간의 다양성을 이해하고 타인의 본성을 존중해야 한다고 강조하고 있으나, 그보다 더 우선이 되어야 할 것은 나의 고유한 본성을 수용하고 존중하는 것입니다. 나를 그대로 존중해 줄 수 있는 사람만이 타인도 진심으로 존중해 줄 수 있습니다. 매일 매일 나를 바라보고 이해하고 다독여 주어야 합니다. 인간을 사랑하는 일은 나 자신을 사랑하는 과정으로부터 출발합니다.

영혼의 자유가 인문학적 소양

개인이 가진 전문적 능력만으로는 이 시대가 원하는 인재가 되기 어렵습니다. 어떤 분야든 전문적 능력에 인문학적 소양을 함께 가진 사람이 성공을 기대할 수 있습니다. 인문학적 소양이란 인간적인 삶에 대한 추구만을 의미하는 것이 아닙니다. 다양한 관점에 대한 수용과 다양한 지식에 대한 인지가 인문학적 소양입니다. 관점의 틀을 만들지 않는 것. 얕고 넓은 지식이란 바로 그것을 의미합니다.

왜 하는데

내일 무엇을 어떻게 할 것인가에 대한 고민은 중요하지 않습니다. 내가 그것을 왜 해야 하는가에 대한 고민이 중요할 뿐입니다.

저 끝에 찬란한 빛

당신이 가는 길이 험난할수록 그 끝에 만나는 빛은 찬란할 것입니다. 자신에 대한 믿음을 놓지 마세요.

운이 좋은 사람

베푸는 마음을 당연히 받지 않고 다시 베푸는 마음. 신은 그런 당신에게 축복을 주실 것이고 세상은 당신의 삶에 행운을 내어줄 것입니다. 그것이 관계의 이치입니다.

꿈꾸는 사람

슬퍼하는 시간들은 결코 헛되지 않으리. 힘없는 몸뚱이, 내 초라한 침대에 눕히면 희망이 없을 듯 아무것도 보이지 않으나, 서리 같은 내 슬픔은 언제나 꽃피는 봄을 기다리네.

시간이 흘러 좋은 것들

견고해 지기 위해서는 시간을 필요로 합니다. 서로를 이해하는 마음의 그릇도, 누군가에게 사랑을 느끼고 그 사랑이 깊어지기까지도, 세상의 부조리를 이해하고 그럼에도 불구하고 즐겁게 살아갈 수 있는 아름다운 지혜도, 모두 충분한 시간을 필요로 합니다. 그렇게 우리는 시간을 따라 점점 더 깊어져 갑니다.

사고의 흐름

어떤 생각을 하든 중요한 것은 사고의 흐름입니다. 삶의 방향이 중요하듯 당신이 하는 생각들이 어떤 방향으로 흐르고 있는지 잘 살펴보아야 합니다. 흐름은 거스를 수 없는 것입니다. 당신의 행복을 위해 어느 방향으로 흐를 것인지, 고여 있을 것인지, 흘러갈 것인지 선택해야 합니다. 잠시 우울해도, 슬퍼도 괜찮습니다. 흘러가는 과정에서 자연스러운 것입니다. 그저 흘러가는 흐름을, 그리고 가고자 하는 그 방향을 놓치지 마세요.

행복해지기 쉬운 사람

작은 것에 감탄하는 사람이 행복합니다. 쉽게 감각으로 느낄 수 있는 사람이 행복합니다. 행복은 세상이 우리에게 주는 그 무엇이 아니라, 그저 내가 느끼는 것이므로, 행복에 관한 고민은 걱정이 없는 자들의 허영이 아닙니다. 행복해지기 쉬운 사람이 되어야 합니다. 행복은 오직 내 마음이 가진 태도에 달려있습니다.

불안에 끌려 다니는 사람은 불안이 높게 차오르는 순간에 신경안정제를
복용하거나 불안의 감정에 흠뻑 젖어버리곤 합니다. 그러나 깊이 생각해보면
불안은 우리에게 무척 좋은 역할을 해주기도 합니다.

불안의 미학

'불안'이란 특정한 대상이 없는 감정이며 사고가 아닙니다. 특정한 대상이 있는 것은 '공포'나 '두려움'에 해당하며 이들은 사고의 영역입니다. 누구나 무엇인가에 대한 공포나 두려움이 있기 마련입니다. 어린 시절에 경험한 사건에 의해 트라우마가 있을 수도 있고 성장과정이나 또는 성인이 된 후에도 외상 후 스트레스에 시달릴 수도 있습니다. 이는 특정한 대상이나 상황에 대한 공포를 가져서 불안의 감정이 발현되는 경우입니다. 물론 그런 대상과 감정은 체계적인 심리치료에 의해 치료가 가능합니다.

그러나 불안이라는 감정의 보편적 개념은 본질적인 인간 내면의 메커니즘이며, 엄마의 자궁 속에서 세상으로 나오는 순간부터 생을 마감하는 날까지 안고 살아가야 하는 실존적인 인간의 감정입니다. 물론 불안의 수준은 개인마다 다르며, 불안을 활용하는 방식도 모두 다릅니다. 불안의 수준이 높을수록 일상생활이 고통스럽고, '불안장애'라는 진단을 받기도 하며, 우울증도 따라오기도 합니다. 따라서 불안의 수준은 일상생활에 방해가 되지 않을 정도의 적절한 수준으로 유지하는 것이 좋습니다. 우리들의 모든 감정은 적절한 수준에서는 어떤 감정도 해롭지 않다는 게 나의 생각입니다.

불안장애를 가진 사람들을 자주 만날 수 있습니다. 한 사람의 불안으로 인해 자신과 가까운 사람들이 힘든 시간을 보내고 있어도 무엇이 문제인지 모르고 살아가기도 합니다. 불안장애는 치료하려는 본인의 의지만 있다면, 그리고 불안의 치료방법을 신뢰하고, 중요한 사고의 체계를 훈습을 통해 평생 잘 지켜 나간다면 얼마든지 좋아질 수 있는 심리적 장애에 속합니다.

한 여성은 수년 동안 정신과 치료를 받으며 신경안정제와 항우울제를 복용하며 원인을 알 수 없는 신체적 통증에 시달려 왔습니다. 불안을 일으키는 본질적 요소도 모르고, 자신에게 그 불안이 주는 의미도 모르기 때문이었습니다. 그러나 치료의 과정에서 자신을 오랫동안 괴롭히던 원인을 스스로 깨닫게 되었고, 그 깨달음으로 인해 자신의 비합리적이고 왜곡된 자동적 사고들을 교정하는 과정을 통해 약물을 완전히 끊게 되었으며, 지금은 스스로 자신의 불안을 잘 다루며 정신적, 신체적으로 건강해지고, 자신감도 향상되어 행복을 느끼며 잘 살아가고 있습니다. 불안은 이렇게 개인이 가진 관점과 생각에 의해 그 수준이 달라지며 불안이 하는 역할도 달라집니다.

불안이 우리에게 주는 역할은 무엇일까요? 어떤 사람들은 자신의 불안에 끌려 다니며 힘들어 하고, 일의 결과가 항상 좋지 않은 반면에, 어떤 사람들은 자신의 불안을 하나의 무기로 사용하여 생산적인 삶에 도움이 되는 감정으로 활용하며, 스스로 불안을 조절하고 잘 다루고 있습니다.

불안에 끌려 다니는 사람은 불안이 높게 차오르는 순간에 신경안정제를 복용하거나 불안의 감정에 흠뻑 젖어버리곤 합니다. 그러나 깊이 생각해보면 불안은 우리에게 무척 좋은 역할을 해주기도 합니다. 불안하지 않았다면 당신은 지금 그토록 노력하며 열심히 하루하루를 살고 있지 않았을 것입니다. 불안하지 않았다면 모든 일에 실수투성이고 준비를 제대로 하지 못했을지도 모릅니다. 불안하니까 준비하고, 불안하니까 노력하며, 불안하니까 발전하고 있는 것입니다.

모든 위대한 예술가들이나 엄청난 업적을 남긴 사람들을 살펴보면 모두 불안이 높은 사람들이었습니다. 나는 이토록 불안을 예찬합니다. 불안에 대한 관점이 대부분 부정적이기 마련이지만, 우리는 그 고정된 관점을 조금 비틀어서 생각해 볼 필요가 있습니다. 불안이 주는 강점을 인지하고 불안을 잘 활용하면 오히려 아주 긍정적인 개념이 될 수도 있다고 주장하고 싶습니다.

인간의 본질적 감정인 불안은 삶에서 매일 매일 나를 움직이게 하는 무의식 속에서 강하게 작용하고 있는 감정으로서, 의식적으로 피할 수도 없고, 나로부터 멀리 보낼 수도 없는 실존적 감정입니다. 그렇게 우리는 모두 불안합니다. 어차피 불안한 인간으로서 살아가야 한다면 불안에 끌려 다니지 말고, 내가 불안을 조정하며 내 의지대로 다룰 수 있다면 참 좋겠습니다.

그렇다면 불안을 어떻게 내 의지대로 다룰 수 있을까요? 그 방법이 한 가지 있습니다. 생각을 바꾸는 것입니다. 지금까지 가져온 특정한 대상에 대한 두려움, 그 대상은 사람일 수도 있고 사건이나 상황일 수도 있으며 과거나 미래라는 시간의 맥락일 수도 있고, 삶의 어떤 부분의 개념일 수도 있습니다. 그 생각을 바꾸어 보는 것입니다. 사실 우리들이 하는 생각의 대부분은 비합리적이고 비현실적이며 왜곡된 혼자만의 생각으로서 아직 일어나지 않은 일에 대한 걱정일 경우가 많습니다. 결국 불안은 우리들의 상상일 뿐입니다. 매일 똑같은 생각의 울타리 안에 머물면서 무슨 발전을 기대할 수 있을까요.

내 생각이 전부가 아닙니다. 보다 합리적이고 객관적이며 현실적인 생각으로 바꾸어야 합니다. 한 가지 사물도 이쪽에서 바라보는 것과 저쪽에서 바라보는 것은 완전히 다른 형태를 보여줍니다. 세상 모든 일이 그렇습니다. 어떤 방향에서 바라보느냐에 따라 참 많이 달라집니다. 긍정적인 사고는 긍정적인 감정을 발현하고, 그런 좋은 감정은 보다 올바른 행동을 하도록 만들어 줍니다.

여기서 분명히 짚고 넘어가야 할 것은 많은 사람들이 감정에 의해 생각이 달라진다고 알고 있는 것입니다. 사실은 그 반대입니다. 우리가 어떤 생각을 하느냐에 따라 우리들이 느끼는 감정이 달라집니다. 생각이 감정의 주인입니다.

바라보는 방향을 바꾸어 볼 용기가 필요합니다. 변화를 원하는 사람들을 참 많지만 직접 변화하기 위한 노력을 하는 사람은 많지 않은 것 같아 안타깝습니다. 변화가 필요하다고 생각한다면 다른 사고를 취할 용기를 내야 합니다. 용기를 내는 사람에게 변화가 올 것이고, 그 변화는 나를 성장하고 발전하게 해 줄 것입니다.

생각을 바꾸고, 불안에 대한 관점도 바꾸고, 불안을 즐기며 살아보세요. 내가 불안의 주인입니다.

걱정도 습관

걱정은 습관입니다. 걱정을 반복적으로 하다보면 걱정하는 대상을 걱정하기 보다는 걱정하는 자체를 더 걱정하고 있는 자신을 발견할 때가 있습니다. 걱정이 스스로 통제되지 않으면 불안이 가중되어 일상의 모든 것들이 힘겨워집니다. 그런데 사실 그 불안이라는 것은 그저 우리 마음속에 늘 있는 친근한 것입니다. 오늘 하루를 어떤 기분으로, 어떤 마음으로 살 것인가는 개인의 몫이며, 각자의 행복을 위한 책임 있는 선택입니다. 걱정은 습관처럼 반복되는 것이며, 습관은 내가 조절함으로써 바꿀 수 있는 것입니다.

바쁜 몸, 불안한 마음

완벽을 좇는 사람들은 평일에도 바쁘고, 주말에도 바쁘고, 하루 종일 일만 합니다. 그래도 마음은 항상 불안합니다. 성공이란 개인이 세운 기준에 따라 모두 다르지만 삶과 행복에 대하여, 늘 깊게 생각할 시간이 더 많이 필요합니다. 나의 마음을 바라볼 수 있는 시간과 여유를 가진다면 죽도록 일만할 때보다 오히려 성공은 더욱 가까이 와 있을 것입니다. 일하고 고요히 사색하고 또 사색하고 다시 일해야 합니다.

살아있다는 증거

갈등은 당신과 나 사이에서 뿐만 아니라 내 안에서도 존재합니다. 사실, 그 갈등으로 인해 우리들의 삶은 더 생명력 있고 더 매력적입니다.

두려움

자신의 두려움을 다스릴 줄 아는 사람은 매사에 신중하고 타인에게 사려 깊은 태도를 보입니다. 우리가 가지는 모든 생각은 의지와 노력에 의해 얼마든지 바뀔 수 있기 때문입니다. 두려움은 내가 다스릴 수 있는 것입니다.

불안과 친해지기

가끔은 암담하게 막혀 버릴 때가 있습니다. 그럴 때는 불안이 엄습해 오기 마련입니다. '어떻게 해야 할까'잠시 생각해 봅니다. 불안할 때는 불안을 받아들입니다. 충분히 느껴주어도 됩니다. 불안은 나를 조금 더 달려가게 해주며, 보다 몰입할 수 있게 해 주어서 전보다 더 잘할 수 있는 능력을 줍니다. 그렇게 몰입하다 보면 어느새 이미 해결해 버린 나를 발견합니다. 그리고 다시 생각합니다.

'별거 아니잖아. 역시 나는 잘할 수 있어. 생각보다 쉽네!'

내가 사랑하는 감정들

고독, 외로움, 불안, 슬픔- 내게는 긍정적인 개념들로 나의 삶에서 작용합니다. 많은 사람들은 이 감정들이 부정적인 것으로 인지하고 있지만 절대 그렇지 않습니다. 이 감정들은 내 안에 깊이 자리하고 있으나, 그것들을 모두 온전한 나의 실존적 현상으로 수용하고, 나를 이루는 요소로 인정하고 있습니다.

고독해서 감성이 깊어지며, 스스로 성찰하는 시간을 자주 가지게 됩니다. 외로움을 깊이 알기에 인간의 본질을 보다 구체적으로 이해할 수 있고, 불안하기에 더욱 몰입하고 계속 도전할 수 있으며, 슬퍼서 더 많은 글들을 쓸 수 있습니다. 이 감정들은 모두 내가 살아있음을 느끼게 해주며, 그 어떤 감정들보다 실존적이고 강인한 것들입니다. 나는 이 감정들을 모두 사랑할 수밖에 없습니다.

몰입의 즐거움

장기간의 노력으로 이룰 수 있는 목표를 세우십시오. 반드시 내가 하고 싶은 일이어야 합니다. 내가 꼭 알고 싶은 것이어야 합니다. 그 목표를 향해 뚝심 있게 나아가십시오. 결국 목표를 이룬 후보다 그 지점까지 가는 긴 여정에서, 넘어지고, 다시 일어나고, 고뇌하고, 성찰하며, 자신에게 몰입하는 그 과정에서 이미 우리는 행복합니다.

생각이 불안의 주인

중독의 근원은 불안입니다. 우리는 모두 불안합니다. 불안은 엄마의 뱃속에서 바깥세상으로 나오는 순간의 낯선 두려움으로부터 시작되었고, 현대사회는 민주주의가 내어 준 개인의 자유로부터 불안이 더욱 가중되었습니다. 중요한 것은 불안을 다루는 생각입니다. 불안에게 끌려가지 말고, 불안을 조정하는 불안의 주인이 되어야 합니다. 생각이 불안을 조정할 수 있습니다.

손바닥 안의 불안

욕망이 큰 사람일수록 불안의 수준도 높습니다. 욕망의 주체는 나 자신입니다. 그렇다면, 그깟 불안은 겨우 내 손바닥 안에 있는 것입니다.

한 번은 미쳐야 한다

발상의 전환이라 흔히 말해지는 창조력을 발휘하는 것은 누구나 가능한 일이지만, 좀 더 근접한 사람들의 성향은 감수성이 예민한 사람들입니다. 자신이 좋아하는 것이나 간절한 것에 미쳐보는 시간을 보내고 난 후, 그 경직된 몸에 힘이 빠져 나갈 때 즈음, 잠시 힐링 시간을 갖거나, 손을 놓아 버렸을 때, 잠시 몰입에서 떠나 있을 때, 그 의외의 시간에 순간적으로 떠오르는 이미지가 있습니다. 뛰어난 천재들은 몰입하고 인내한 긴 시간 뒤에 따라온 창조력을 사용하였습니다. 많은 에너지와 지치지 않는 열정은 창조력의 기본적인 바탕이 됩니다. 창조력은 어느 날 갑자기 생겨날 수 없는, 길고 어두운 터널의 끝에서 만날 수 있는, 고귀한 빛입니다.

방황도 해 봐야지요

잠시 잊을 당연한 이유가 있겠지요. 잠시 술에 취할 마땅한 이유도 있겠지요. 살다보면 이런 날도 있고 저런 날도 있으니까요. 술에 취하는 것이 무의미하면 어떤가요. 의미 없는 시간도 가끔은 필요합니다. 복잡한 인생, 어디서 내려놓겠어요. 다시 일어나기 위해서는 방황도 해보고 술에 취해도 봐야 합니다. 그 경험이 쌓여 다시 일어날 때 그 취한 시간은 의미가 있겠지요. 스스로에게 그런 시간을 허락해 주세요. 그리고 오뚝이처럼 다시 꼭 일어나세요.

스트레스라는 무거운 바위를 작은 조약돌로 바꿀 수 있는
다양한 방법은, 결국 우리들의 왜곡된 사고와 고정된 신념에
윤활유를 부어주어 조금 더 부드럽게 만들어 주는 일입니다.

스트레스와 알고리즘

현대사회는 개인에게 선택의 자유가 주어졌습니다. 선택할 수 있는 폭은 넓고 그만큼 삶의 경험은 다양해졌습니다. 자유가 주어진 만큼 스트레스의 수준도 높아져 있고 불안도 가중되었습니다. 의식이 발달함에 따라 자기를 돌아볼 수 있는 기회가 많아지고, 자기성장에 주의를 기울이게 됨으로써 삶의 궁극적인 목적은 행복이 되었습니다. 사실 행복이란 소소한 일상의 즐거움이 전부이지만, 그 소소함의 소중함을 놓치고 큰 행복을 쫓다보면 자신에 대한 기대수준이 높아지고, 현실과 이상의 괴리에서 스트레스는 자연스러운 것이 되었습니다.

스트레스가 가중되면 원인 없는 신체의 고통으로 이어지거나, 모든 것을 놓아버리는 심각한 우울증이 찾아오기도 합니다. 누구도 해결해 줄 수 없는 각자 개인의 스트레스를 다루고 그에 대처하는 방법은 무엇일까요? 소소한 행복을 느끼는 시간이 하루에 얼마나 될까요? 우리가 꿈꾸는 이상과 내가 치열하게 살아가고 있는 현실 사이의 간극을 좁혀 나가는 방법을 깨달아야 합니다.

사람은 누구나 자신만의 신념을 가지고 살아갑니다. 그 신념의 틀 안에서 나를 힘들게 하는 것은 결국 타인이 아니라 나 자신이라는 중요한 사실을 확인하게 되면 스트레스는 자연스럽게 감소되고, 스트레스를 받는 매 순간마다 스스로 대처할 수 있는 능력이 향상될 수 있습니다. 우리들의 감정은 잘못된 신념으로부터 출발하기 때문입니다. 함께 더불어 살아가는 우리들의 삶에서 스트레스 조절능력은 나 자신뿐만 아니라, 사회생활 속의 고충을 덜어내고 함께 하는 즐거움을 성취할 수 있도록 해 줍니다.

혼자서는 감당하기 어려운 스트레스라는 괴로움, 그것에 대처하는 여러 방법들을 제안해보고자 합니다. 스트레스라는 무거운 바위를 작은 조약돌로 바꿀 수 있는 다양한 방법은, 결국 우리들의 왜곡된 사고와 고정된 신념에 윤활유를 부어주어 조금 더 부드럽게 만들어 주는 일입니다. 스트레스에 대처하는 능력을 강화시키고 스트레스에 억눌리지 마세요. 결국 나만 손해입니다.

시간과 걱정의 관계

걱정에는 무게가 있습니다. 무거운 짐을 계속 들고 있으면 몸이 고장 나듯 우리의 정신에도 문제가 생깁니다. 무거운 걱정은 오래 들고 있을수록 점점 더 무거워져만 갑니다. 이렇듯 걱정과 스트레스의 무게는 시간과 직접적인 관련이 있습니다.

이제 그만 내려놓으세요. 걱정은 짧게 하고 해결방법의 첫 단계부터 시작해 보세요. 우선 종이에 적어보는 것이 좋습니다. 가능한 것과 불가능 한 것, 쉬운 것과 어려운 것의 강도에 따라, 그 수준이 낮은 것부터 높은 것으로 순서대로 적어 보는 것입니다. 걱정과 스트레스로 무거웠던 생각을 쏟아 내세요. 하나씩 천천히 바라보고 생각하다 보면 해답을 찾을 수 있는 시간은 생각보다 빨리 올 것입니다.

사유

당신이 지키고자 하는 원칙과 가치들이 당신의 인생에서 어떤 역할을 하고 있나요? 스스로에게 질문해 보세요. 당신이 가진 믿음이 당신에게 도움이 되고 있나요?

자기초점이란

사람은 대부분 자기초점주의로서 생각하고 행동합니다. 그래서 우리는 타인이 내게 행한 행동이 나에게 어떤 영향을 주는가를 느끼고, 때로는 마음에 상처를 받기도 합니다. 그러나 그 사람이 한 행동이 반드시 나에게 상처 주려고 한 것일까요. 그 사람의 문제되는 행동은 나에게 초점을 두고 나로 향한 것이 아닌, 그 사람이 가진 본질적인 문제일 수도 있습니다.

의식적으로 한 것이 아니라 무의식적으로 한 행동일 수도 있으며, 그런 행동이 상대방에게 어떤 영향을 주는지는 전혀 생각조차 못할지도 모릅니다. 관계에서 일어나는 모든 일의 초점을 나 자신에게 두지 마세요. 나 자신만 나를 향해 온통 마음을 두고 있을 뿐, 사람들은 타인에게 큰마음을 둘 여유가 없습니다. 타인의 행동으로 인해 상처받지 말고 그 사람의 갈등과 문제를 나에게로 가져오지 마세요. 당신은 아주 잘하고 있습니다.

하지 않아도 되는 날

이제는 본질을 기억해야 합니다. 내 마음을 바라볼 수 있어야 합니다. '무엇이어야 한다. 무엇을 해야 한다. 무엇을 하면 안 된다'로 가득한 우리들의 삶에선 스트레스가 가중되고 있습니다. 주말에는 단 몇 시간이라도 혼자 고요히 내 마음을 바라봐 주세요. 마음이 뭐라고 말하는지 귀 기울여 들어 보세요.

걱정하지 않는 연습

걱정도 연습에 의해 작아질 수 있습니다. 우리들이 하는 대부분의 걱정은 현실이 아닌 상상 속의 것들일 때가 많기 때문입니다. 걱정이 차오를 때는 그 걱정거리로부터 한 발자국 물러서서 호흡을 천천히 하고 바라보며 조금 여유를 가지고 기다려보세요. 걱정하던 일이 현실이 되었나요? 우리들은 모두 걱정하지 않는 연습이 필요합니다.

미련한 완벽주의

모든 일에 완벽하려고 노력하는 것은 착각입니다. 자신을 지치게 만드는 왜곡된 생각이며 과장된 신념일 뿐입니다. 이제는 당신 마음의 오차와 시간이 남긴 흠집을 인정해 주고 사랑해주세요.

마음은 이미 알고 있다

갑자기 눈앞이 캄캄할 만큼 높은 벽이 내 앞을 가로막은 듯 느껴질 때, 할 수 있다는 자신감만 충만하다면 생각보다 쉽고 간단하게 그 벽이 허물어지기 마련입니다. 그러나 그런 상황에서 반대로 스트레스를 받거나 불안이 차오르면 그 벽은 허물기 어려운 문제가 되어 버립니다.

나는 할 수 있다는 생각에 집중하며 마음의 여유를 갖는다면 의외로 그 벽은 쉽게 빨리 허물 수 있는 작은 문제로 바뀌어 버립니다. 따라서 어려움에 봉착했을 때 해결하는 능력은 그 문제를 바라보는 내 마음에 달려있습니다. 마음은 항상 나보다 먼저, 내가 가야할 길을 바라보고 있기 때문입니다.

한치 앞을 모르는 인생

우리는 한 사람이나 한 가지 일이나 또는 그 무엇이든, 그것에 관한 여러 가지 생각을 하게 됩니다. 이렇게 생각하다가도, 또 전혀 다른 가능성에 대한 생각도 해보고 그렇게 많은 생각을 하다보면 또 여러 가지 감정에 젖어들게 됩니다. 부정적인 생각이 들면 한없이 슬퍼지고, 긍정적인 생각이 들기 시작하면 기분이 좋아집니다. 세상의 모든 일에는 좋은 것과 나쁜 것이, 또 좋지도 않고 딱히 나쁘지도 않은 것들까지, 복잡한 특성을 가지고 있기 때문입니다.

그런데 왜 우리는 자꾸만 여러 가지 생각에 잠겨있는 걸까요. 이 생각, 저 생각 하다보면 끊임없는 생각의 줄기들이 뻗어 나가며 가지치기를 하게 되고, 불필요한 두려움까지 가지게 됩니다. 우리는 아직 일어나지 않은 일에 대하여, 내가 가진 신념의 범위 안에서 미리 예측을 하기 때문입니다. 그런데 그것은 실제 일어나지 않은 일에 대한 예측이기에 여러 가능성을 두다보니 너무 많은 생각들이 따라오게 되는 것입니다.

미래는 우리 모두에게 두려움으로 다가옵니다. 아직 일어나지 않은 일들, 아직 다가오지 않은 시간들, 그 모두는 삶의 한계를 잘 알고 있는 우리로서는 두려움의 대상일 수밖에 없습니다. 그러나 우리는 스스로 예측했던 것보다 훨씬 쉽게 일이 풀려버리거나, 예측하지 못했던 좋은 결과를 만나기도 합니다. 미래를 생각하는 일은 나 자신 오직 한 사람이 가진 신념의 범위에서만 이루어지기에 우리는 뜻밖의 일들을 만나기도 하는 것입니다.

미래를 생각하는 일은 결국 온통 걱정으로 점철되어 행복할 수 있는 지금 이 순간을 놓치게 할 수 있습니다. 한치 앞을 모르는 우리들의 인생, 어떻게 될지 내가 어떻게 알겠습니까. 지금 이 순간에 내가 하고 있는 일이나 나와 함께 하는 사람에게 집중하세요. 어차피 우리는 그 답을 알 수 없습니다.

그 때가 되면 또 내 생각이 변해있을지도 모를 일이고 말이죠.

즐겁게 일하는 자

야망에 끌려가지 않고 야망을 다스릴 줄 아는 사람은 언제나 즐겁게 일합니다.

고속도로 휴게실

목표를 설정할 때는 구체적이고 명료한 것이어야 합니다. 무엇에 초점을 두는지 분명히 하고 그것에만 집중해야 합니다. 그러나 그저 미친 듯이 앞만 보고 달리다 보면, 어느새 그 초점에서 벗어나 있기 마련입니다.

시시때때로 필요한 자기검토와 자기감찰은 앞으로 나아가는 과정에서의 필수조건입니다. 대나무가 비바람에도 흔들리지 않는 이유는 마디가 있기 때문이라고 했습니다. 우리는 그 마디마디의 자리에서 잠시 멈출 줄도 알아야 합니다. 고속도로에서 앞만 보고 질주하면 주변에 펼쳐진 자연의 아름다움을 보지 못하기 때문입니다. 고속도로에서는 꼭 휴게실에 들려 쉬어 주세요.

오래하는 방법

움켜쥐고 있으면 금방 지치고 맙니다. 힘들이지 않고, 쥐고 있을 만큼만

쥐고 계세요. 모든 것이 견딜 만 할 것입니다.

공존

모든 일은 양면성을 가집니다. 슬픔 또는 우울감을 유도하는 부정적인 단면과 감사와 기쁨을 자아내는 긍정적인 단면이 있습니다. 그렇게 극단적으로 다른 두 단면은 모든 일에 언제나 공존하기 마련입니다. 당신은 어느 쪽을 택할 것인가요? 우리들의 삶은 매순간 나의 선택으로 이루어집니다.

산책

집중하던 무엇인가가 힘겹게 느껴지고, 알 수 없는 허무함이 몰려 올 때가 있습니다. 그럴 때는 집중하던 것에서 잠시 떠나보는 것이 도움이 됩니다. 그 공간을 잠시 떠나 산책을 하며 사람들도 바라보고 하늘도 바라보고, 아주 짧은 시간이라도 새로운 것들을 발견할 수 있으며, 잠시 망각했던 기쁨을 되찾을 수 있습니다. 우리는 우리가 집중하던 것이 일이든, 사랑이든, 가족이든 또는 내 마음이든, 때로는 잠시 떠나 거리를 둘 필요가 있습니다.

후회와 미련

최선을 다 한 사람은 어떤 후회도, 작은 미련도 갖지 않습니다. 후회와 미련은 자신을 조금도 양보하지 못하고 최선을 다하지 못한 자의 몫입니다.

놓치면 안 되는 것들

힘든 일로 오랫동안 스트레스에 시달리지 마세요. 좋은 일을 생각하며 다행이라 여기고 감사하는 것에 더 집중하세요. 내 안의 더 큰 공간을 긍정적인 기운으로 채우세요. 힘든 일로 스트레스에 노출 되어 좋은 일의 즐거움과 그 가치를 놓칠 수는 없습니다. 한 가지만 생각하고 살면 분명 놓치는 것이 있으며, 그 놓치고 만 것이 무척 소중한 것일지도 모르기 때문입니다.

스트레스의 실체

스트레스는 자신이 처한 상황에 대해 과대평가를 하고, 자신의 해결 능력에 대해서는 과소평가를 할 때 발생 합니다. 사실 스트레스의 실체는 인지적 오류에 해당됩니다.

생각에 따라 움직이는 뇌

요즈음 어떤 생각에 초점을 두고 있나요? 사람은 누구나 좋은 것들과 나쁜 것들을 동시에 가지고 살아갑니다. 내가 행복하다고 생각하면 내가 가진 좋은 것들에 집중하게 되지만, 내가 불행하다고 생각하면 내가 가진 나쁜 것들에 집중하게 됩니다. 우리의 뇌는 우리가 생각하는 것들에 맞추어 인지작용을 달리 일으키기 때문입니다. 삶이 고되고 힘들어도 꼭 지켜야 할 것은 내가 행복하다고 자꾸 말해주는 것입니다. 그러면 분명 당신은 행복한 사람이 될 것입니다.

감정의 기복이 심한 사람은 작은 것에 감탄하는 사람이며 행복도, 불행도, 그렇지 않은 사람에 비해 쉽게 흡수해 버립니다.

감정에 대한
성찰

나는 감정의 기복이 심한 편입니다. 어떤 사람들은 자신이 감정 기복이 심한 편이라며 치료를 받고 싶다고 내게 말합니다. 그런 분을 만날 때 마다 나는 이렇게 대답합니다. "감정 기복이 심한 게 어때서요?" 내 자신이 그런 사람이라서 합리화하는 것일지도 모릅니다. 그래도 나는 내가 가진 다른 관점에 대해 말하고 싶습니다.

감정기복이 심하다는 것은 사고의 전환이 빠르다는 의미입니다. 부정적인 생각을 하다가도 금새 긍정적인 생각으로 바꾸어 버립니다. 그만큼 자신의 생각과 감정에 주의를 기울이고 있다는 의미기도 합니다. 사고가 전환되면 감정도 달라집니다. 그래서 감정기복이 심한 사람들은 부정적인 생각이나 힘든 감정을 오래 안고 있지 않습니다. 쉽게 우울해지고 재빨리 즐거워합니다.

어떤 사람들은 자신의 그런 증상이 걱정되어 조울증이 아니냐는 질문을 하기도 합니다. 환경에 예민한 감각을 가지고 부드러운 감수성을 가진 것을 조울증이라고 하는 것은 아닙니다. 감정의 기복이 심한 사람은 작은 것에 감탄하는 사람이며 행복도, 불행도, 그렇지 않은 사람에 비해 쉽게 흡수해 버립니다. 한마디로 감정이 말랑말랑하다는 의미입니다.

감정에 관한 문제는 다른 관점에서 말하고 싶습니다. 내가 느끼는 감정을 정확히 인식하는 것이 중요합니다. 내 마음이 무엇을 느끼고 있는지, 내가 하는 생각에 의해 감정은 어떤 색깔을 가지고 있는지 관찰해 보며, 자신의 감정을 마주하는 것이 중요합니다. 그렇게 나를 성찰하는 것입니다. 느끼고, 바라보고, 스스로 보듬어 주고, 감정을 달래주며 가는 과정입니다.

우리들의 감정은 내 의지와 다르게 혼자 날뛰며 안절부절 할 때가 있습니다. 그 순간에는 누구도 도와줄 수 없습니다. 내가 달래주고 안아주며 그 마음을 만져주어야 합니다. 그런 훈련이 반복되면 감정을 조절하는 방법이 쉬워집니다. 감정이 날뛰려고 할 때는 생각에 집중해야 합니다. 생각의 방향을 잡아주어 생각을 전환시켜주면 감정은 자연스럽게 평정을 찾기 마련입니다. 당신도 그렇게 할 수 있습니다.

꺼지시오

고통, 좌절, 자책, 분노, 우울, 두려움, 질투, 무력감 등의 감정이 나를 엄습해 오면, 그 감정에 짓눌리거나 덥석 받아 삼켜버리지 말고, 한 발자국 떨어져서 거리를 두고 관찰해야 합니다. 내 감정이 어떻게 보이고, 내 생활에 어떤 영향을 미칠 것이라고 생각하나요? 몸에 나쁜 음식은 입에 넣지 않듯이 부정적인 감정도 삼키지 말고 잠시 바라본 후, 말해야 합니다.

"이제 그만 꺼지시오. 문은 제가 열어 드리겠습니다."

딱 1분

일분만 참아 보세요. 뱉어 낸 말들에 대해 불과 몇 시간이 지난 후, 우리는 후회하는 경우가 많습니다. 감정이 앞섰기 때문입니다. 그 순간이 조금만 지나면 이성적으로 사고할 수 있고 온화한 태도로 바꿀 수 있습니다. 감정이 요동치는 그 일분만 가만히 눈을 감고 참아 보세요. 그 일분이 하루를 더욱 기쁘게 해 주고 관계는 더욱 부드러워 질 것입니다. 딱 1분이면 충분합니다.

예술의 본질

감정이 앞서서 잘 되는 일은 하나도 없습니다. 그럼 감정은 어디에 쓸 수 있겠습니까. 시를 쓰고 그림을 그리고 노래를 부르며 쓸 수 있습니다. 그래서 예술이 존재합니다.

관조

때로는 전체의 분위기를 위해 개인의 감정을 드러내지 말아야 할 때가 있습니다. 나 하나의 마음만 녹아내려서 전체의 분위기가 좋아질 수 있다면, 기꺼이 내 감정쯤이야 묻어 두어야합니다. 마음의 그릇은 자기조절의 가능성과 성숙함의 정도에 따라 그 크기가 달라집니다. 곧, 묻어가는 것이 지혜로운 행동입니다.

거저 이루는 것은 없다

나의 욕망을 바라보는 것. 나의 감정을 진하게 느껴보는 것. 나의 감정을 이해하는 것. 나의 신념을 새롭게 하는 것. 나의 현실을 객관적으로 바라보는 것. 나의 그림자까지 사랑해 주는 것. 이 과정들을 거쳐 스스로 깨닫고, 스스로 해내고 마음의 근육을 단단히 키우는 것이 건강하고 행복한 삶을 위한 필수과정입니다.

품위 있고 담대하게

당신 안에 머물고 있는 슬픔과 불안을 함부로 다루지 마세요. 그 감정들을 대하는 나의 태도가 그것들을 달라지게 할 것입니다. 품위 있고 담대하게 대해주세요.

그 사람이 행복해 보인다면

모든 것을 다 가진 사람은 세상에 없습니다. 사람들은 왜 시각적으로 보이는 것들로 그 사람의 삶을 판단할까요? 그러다 깊은 이면의 아픈 이야기들을 만나면 당황하기 마련이지요. 개인의 환경과 조건이 행복을 주는 것이 아니라, 자신의 결핍을 이해하고 현실을 수용할 때 행복해질 수 있습니다.

행복은 그저 내 마음 안에 있을 뿐이니까요.

내 탓입니다

외로움이 좋아서 외로움을 선택하고 그 외로움을 즐기면서 자신이 외롭다고 부르짖는 사람들은 잘 생각해 보십시오. 누가 당신을 외롭게 했나요. 당신 스스로 외롭기로 마음먹었을 뿐입니다. 누군가가 떠났다고, 누군가가 변했다고, 남 탓으로 돌리는 썩은 도식은 버려야 합니다. 가만히 좀 더 깊은 곳에 머물러 보세요. 보다 이성적으로 자신을 바라보세요. 그게 다 누구 탓인지...

충분히 젖어봐야 한다

어느 날 우울이 당신을 찾아오면 그 우울에 충분히 젖어보세요. 철저히 혼자임을 온몸의 세포로 느껴보세요. 거부하지 않고 회피하지 않으며 이대로의 자신을 이해하고 수용하세요. 그래야 다시 벗어날 수 있기 때문입니다.

생각인지 감정인지

생각과 감정의 차이. 생각과 감정은 완전히 다른 것입니다. 그런데 사람들은 가끔씩 혼용하여 두 용어를 사용하는 것 같습니다. 생각은 고민하는 것이고 걱정하는 것이며, 두려워하는 것이고 판단하는 것입니다. 감정은 슬프거나 기쁘거나 설레거나 즐겁거나 또는 우울하거나 불안한 것입니다.

내가 지금 잠을 못 들거나 요즘 힘이 든다고 생각된다면, 나를 짓누르는 것이 나의 생각인지 감정인지 명료하게 구분지어볼 필요가 있습니다. 생각은 긍정적이고 합리적으로 해야 하며 감정은 느끼고 있는 그 감정이 어떤 것이든 우선은 수용해 주고 그것에 충실해야 합니다. 감정에 충실하다는 것은 내 마음을 가만히 바라봐 주는 일이니까요.

음악이 들리는 그림

지치고 고단한 당신에게 음악이 위로가 되듯, 내 마음을 닮은 그림 한 점도 당신의 마음을 녹여줄 수 있습니다. 그림을 감상할 줄 모른다고요? 그림을 감상하는 방법이란 없습니다. 그저 내 마음이 시키는 대로, 그야말로 내 마음대로 바라보는 것입니다. 그림을 가만히 바라볼 때 마음은 어떤 선율을 타고 있나요? 그 선율이 그림을 감상하는 가장 중요한 요소입니다. 그림에서도 선율이 흐릅니다.

가식이 아닌 태도

잔잔하지만 깊어야 합니다. 품위 있지만 소탈해야 합니다. 당신은 존경받아 마땅하니까요.

두 사람의 대화

내 안에는 두 사람이 있습니다. 두 사람은 온종일 대화를 나누고 있지요. 한 사람은 아기고 한 사람은 엄마입니다. 아기는 욕구에 충실하며 느끼는 그대로 표현합니다. 그럴 때 엄마는 아기의 감정을 그대로 이해하고 마음껏 표현하도록 지켜봐 주기도 하고, 때로는 토닥토닥 잘 달래며 더 좋은 방향으로 이끌어 주기도 합니다. 엄마는 어느 정도 미래를 예측할 수 있으며 무척 지혜로운 분이죠. 그렇게 아기와 엄마는 하루 종일 대화를 나눕니다. 엄마가 항상 곁에서 지켜주는 아기는 오늘도 엄마를 바라보며 행복을 확인합니다.

보살피지 않는 것들

삶의 중요한 부분에서 무감각해져 있다면 자기를 방어하는 도구로 볼 수 있습니다. 현실에서 감당하기 어려운 부분은 지속적으로 회피하려고 하며, 다른 한 가지 과제에 모든 노력과 감정을 모으기 때문입니다. 자신을 정확하게 이해하는 것이 가장 중요합니다. 내가 회피하느라 보살피지 않고 있는 것은 무엇일까요?

관찰자

예술작품을 만들어내기 위해서는 타인이 아닌 자신과 깊은 관계를 맺어야 합니다. 자신의 관찰자가 되어, 나의 깊은 곳에서 머물며, 고요히 자신을 성찰하는 공간이 필요합니다.

비판의 의미

내 자신을 비판적으로 바라보는 시간은 늘 필요합니다. 비판적 사고는 나를 둘러싼 세상을 향한 것만이 아닌, 나 자신을 바라보는 내적 도구가 되어야 합니다. 비판은 비방과는 완전히 다른 것이며, 다른 방향에서 바라보고 새롭게 재구성하는 과정을 의미합니다. 비판적 사고는 나 자신, 그리고 더불어 사는 사회의 발전을 위해 반드시 갖추어야 할 개인의 중요한 역량입니다.

성찰

타인의 진지한 태도에 대한 가벼운 반응, 이해하려고 하기 전에 판단해버리는 부정적 견해, 있는 그대로의 수용보다 먼저 발현되는 열등감, 이러한 태도들은 바라보는 주체의 개인적이고 본질적인 문제입니다. 그러한 문제들을 가진 자신을 바라보고 이해하고 남들도 알아차리는 날카로운 반응들을 완화시켜야 합니다. 스스로 성찰을 이루고 가면 교양이 자연스럽게 내면에서 나오게 됩니다. 교양은 그저 가식적인 것이 아닌, 삶을 대하는 성숙한 태도이며, 사람을 대하는 부드러운 인격입니다.

몸과 마음의 관계

통증은 육체로 느끼는 것이고 고통은 정신으로 느끼는 것입니다. 통증은 몸이 위험에 빠졌으니 구해 달라고 신호를 보내는 것입니다. 고통은 그 통증에 집착하는 순간부터 따라오는 것입니다.

나와 만나는 시간

혼자 하는 여행은 나와 만나는 시간입니다. 철저한 고립은 나 자신에게만 집중하도록 해 줍니다. 가끔은 혼자만의 여행이 필요한 이유입니다. 인간은 혼자라는 본질에 근접해 있을 때 가장 선명한 자신을 바라볼 수 있습니다. 혼자 떠날 수 있어야 합니다.

침묵의 소리

때로는 온전한 휴식의 방법으로 '침묵'의 소리에 귀를 기울여 보세요. 사람의 목소리와 악기들, 그리고 기계에 의해 만들어진 음악은 자연을 숭배합니다. 소리가 부재된 침묵은 없습니다. 내가 있는 공간의 모든 소리를 무음으로 조절하고 눈을 감은 채, 어떤 소리가 들리는지 집중해 보세요. 멀리서 들리는 새소리, 바람소리, 나뭇잎이 바람에 흔들리는 소리, 아이의 울음소리, 자동차의 엔진소리, 시계의 초침소리, 그리고 내 숨소리.

그 침묵의 소리에 몰입한다면 모든 소리들이 하나로 모여 아름답게 조화된 선율을 들을 수 있습니다. 그 어떤 감각적인 음악도 자연의 소리와 우리들이 살아가는 소리인 백색소리보다 더 아름다울 수 없습니다. 침묵의 소리에 집중하는 것은 복잡한 생각들과 무거운 걱정들을 내려놓는 연습에 도움이 될 것입니다.

규칙

아는 만큼 행할 것. 감정이 날뛰지 말 것. 천천히 호흡할 것. 우아하게 들어줄 것. 세련되게 공감해줄 것. 지혜로 나를 다스릴 것. 할 수 있다고 착각할 것.

심리학

우리들의 다양한 감정은 겹겹이 자리하고 있습니다. 분노 뒤에 두려움이 숨어 있거나 슬픔 밑에 분노가 숨어 있기도 합니다. 평소에는 우리들의 의식으로 인식할 수 없는 그런 겹겹이 쌓인 감정들을 만나보는 일, 그것이 무의식을 만나는 일입니다. 과연 우리들의 그 감정 뒤에는 어떤 감정이 숨어 있을까요?

매력

적절한 생각과 안정된 마음. 사람의 매력이란 그 절제됨에서 느껴질 수 있습니다.

외로워서 사람을

사람은 자신이 가장 아프고 외롭다고 생각합니다. 우리는 죽는 날까지 그렇게 느낄 것입니다. 외로움을 도피하기 위해 관계 속으로 파고드는 것은 무척 어리석은 일입니다. 결국, 인생을 잘 산다는 것은 내 외로움을 잘 보살펴 주고 끝까지 버텨주는 것입니다.

사람에 의한, 사람을 위한

어떤 일을 하든 결국, 사람의 편에서 사람을 위한 일이 되어야 합니다.

가장 큰 기쁨

우리들의 정신은 스스로 어떤 요소들을 어디에 위치시키느냐에 따라 달라집니다. 나의 기쁨과 행복은 사람을 도울 수 있을 때 가장 향상됩니다. 당신도 당신 스스로 기쁠 일을 하던가, 하고 있는 일을 기쁘게 여기던가, 둘 중 하나에는 속하는 사람이길 바랍니다.

성숙한 대처방식

상대방이 도대체 왜 그랬는지 우선 살펴보고 알아보고 이해해보려고 노력해 보았나요. 내 기분이 나빠지고, 내 기준으로 잘못되었다 판단하고, 상대방을 한 순간에 이상한 사람으로 취급해 버리진 않았나요. 내 초점으로만 상황을 바라보지는 않았나요. 감정이 차오르기 전에 상대방의 입장에서 한 번쯤 생각해 보는 시간이 반드시 필요합니다.

겸손이라는 특권

마치 세상을 다 아는 듯 떠들어 대는 행동은 극단적인 오만입니다. 경험하지 못한 세상이 얼마나 거대한지 알게 되면 절로 고개가 숙여집니다. 겸손은 경험을 통해 얻을 수 있는 특권입니다.

내 마음

잔잔한가 하면 거센 파도도 일기 마련이지요. 내가 나를 가만히 들어주고, 유심히 살펴봐 주고 온전히 이해해주며, 있는 모습 그대로 사랑해 주세요. 바람이 불면 꽃잎도 떨어지기 마련인데, 꽃잎보다 더 여린 사람의 마음이 어찌 바다의 거센 파도에 온전할 수 있을까요.

단호함

준비된 사람은 자신의 생각에 대하여 언제 어디서든 단호한 긍정을 가집니다. 단호함이란 상대를 배려하는 동시에 자신의 생각을 분명하게 표현할 수 있는 품위 있는 주장입니다.

욕망의 허리케인

가끔 당신의 깊은 곳에서 대단한 역동이 일어나지 않나요? 어서 서둘러야 합니다. 그 거대한 욕망의 허리케인을 아주 세련된 방법으로, 반드시 아름다운 표상으로 승화시켜야 합니다.

성장

아이들만 자라나는 것이 아닙니다. 어른들도 자라납니다. 매일 나라는 나무에 물을 주고, 살펴봐 주고, 만져주세요. 어른들의 나무도 무럭무럭 자라납니다. 나도 모르게, 보이지 않는 사이에...

당신의 품위 있는 이성

감정이 앞서면 세상 모든 일이 힘들어 집니다. 감정은 올바른 방법으로 반드시 표현되어야 하지만, 감정이 앞서가면 중심을 잃기 쉬워집니다. 모든 현상과 사건을 바라볼 때 합리적이고 객관적인 당신의 이성으로 바라보고 해석하세요. 감정으로 해석하면 우리들의 삶은 때로는 뜨겁게 설레기도 하지만 대부분 아프고 외롭고 힘겨울 뿐입니다. 당신이 가진 품위 있는 이성으로 오늘의 여러 일들을 받아들이고, 수용하고, 차분하게 정리하는 밤을 보내길 바랍니다.

세상의 한결같은 사람들에게

어떤 사람들은 한결같고, 어떤 사람들은 그렇지 못합니다. 한결같은 사람들은 기다림의 의미를 알고 있습니다. 기다림이란 말을 조금 강한 의미의 단어로 바꾸면 인내입니다. 한결같은 사람들은 기다림의 과정이 쉽지 않으나, 그 인내함과 기다림이 가져다 줄 큰 의미를 아는 강직한 사람들입니다. 일이든, 사랑이든, 누군가의 마음이든, 돈이든, 조급하지 말아야 합니다. 모든 일은 시간이 필요하며, 기다릴 줄 아는 마음은 결국에는 바라는 것을 얻게 될 것입니다.

내가 하고 싶다면, 내가 알고 있다면, 그걸 행동으로 옮겨 보세요. 우리가 안고 살아가는 모든 스트레스는 용기가 수반됨으로써 반으로 줄어들 수 있습니다.

용기의 심리학

마음이 가득하고 생각도 분명한데 몸이 움직이질 않습니다. 그렇게 시간만 자꾸 흘러갑니다. 행동하지 않는 마음과 생각은 무슨 의미가 있을까요. 아는 만큼 행하는 것이 살아가는 일입니다. 마음만 가득하고 행동이 되지 않아 시작이 어렵다고 호소하며 힘들어하는 분들이 있었습니다. 그 분들은 아는 것이 많고 지식도 높으며 늘 자기성찰에 관심이 많아 보였습니다. 그러나 그 뿐입니다. 지식을 실제적으로 삶에 적용하지 않으면 그 지식은 내 것이 아니고 의미 없는 허영이 될 뿐입니다.

다양한 책을 읽고 공부를 많이 해서 머릿속에 이론은 가득하지만 일상생활에서 그 지식이 활용되지 않는 현상입니다. 참 안타까운 경우입니다. 하겠다고 말은 반복해서 하지만 행동으로 옮기지는 않습니다. 오직 생각뿐입니다.

아는 만큼 행하고 살아야 합니다. 터널 속에서 바라보는 세상과 터널 밖으로 나와 보이는 세상은 너무 큰 차이를 보여줍니다. 세상에는 우리가 알고 있는 꽃들보다 더 많은 꽃들이 피어나고 있으며 이름을 알 수 없는 나무들도 많습니다. 조금만 움직이면 삶은 더 즐거워집니다. 결국 우리가 살아가는 궁극적 목적은 나의 행복이 아닐까요.

내가 하고 싶다면, 내가 알고 있다면, 그걸 행동으로 옮겨 보세요. 우리가 안고 살아가는 모든 스트레스는 용기가 수반됨으로써 반으로 줄어들 수 있습니다. 더 넓은 세상을 만나게 되면 내가 가진 생각이 얼마나 작았는지 알 수 있게 됩니다. 터널 밖으로 나와 바람에 흔들리는 나뭇잎도 바라보고 햇살 아래 이름 모를 들풀의 치열한 생명력도 바라보세요.

내가 나를 마주할 용기, 내가 너를 바라볼 용기, 세상 속에 나를 던질 용기, 이해할 용기, 수용할 용기, 사랑할 용기, 상처받을 용기, 실수할 용기, 변화할 용기... 행복은 우리들에게 조금만 더 용기를 내 보라고 말해줍니다. 지금까지도 잘 살아왔는데 무엇이 두려운가요? 행복은 용기 있는 자의 것입니다.

사랑 응원가

우리는 어떻게 살면 가장 행복할까요? 우리를 가장 행복하게 해 주는 건 무엇일까요? 오랫동안 노력해서 이루어낸 일의 성취나 목표를 이루고 난 후의 만족감일까요? 그런 기쁨이 당신의 외로움을 채워주었습니까? 우리를 가장 행복하게 해 주는 건 사랑입니다. 사랑을 주고받으며 내가 힘들 때 나와 함께 해 줄 것이라고 확신할 수 있는 사람이 있을 때 행복합니다. 따뜻한 애착관계는 우리를 건강하고 행복하게 해 줍니다.

인생은 길지만 사랑할 시간은 길지 않습니다. 서둘러 사랑하세요. 그리고 그 사랑이 변하면 그 힘든 관계에서 비롯되는 감정으로 사랑할 시간을 단축하지 마세요. 다시 새로운 사랑을 찾아보세요. 열심히 사랑하기에는 너무나 짧은 인생입니다. 우리를 가장 행복하게 해주는 건 사랑하는 관계를 갖는 것입니다. 당신의 사랑을 무조건 응원하겠습니다.

설렘

예측할 수 없는 우리의 미래, 그것에 대한 감정은 불안이 아닌 설렘으로 점철되길.

우선 행동개시

빈 공간을 무엇인가로 채우는 일은 두려움으로 시작됩니다. 그 창조의 시작에서 중요한 것은, 생각이 정리되기 전에 우선, 손이 먼저 움직여야 한다는 것입니다. 우리의 무의식은 언제나 빠져 나오고 싶은 강렬한 욕구를 가졌기 때문입니다. 진실로 하고 싶은 간절함이 있다면 우선 행동해야 합니다. 완벽한 준비란 절대로 불가능하기 때문입니다.

선물

삶의 모든 선택은 용기를 필요로 합니다. 도전도 실패도 용기 있는 자에게는 반드시 선물이 되어 돌아올 것입니다. 그 선물을 당신이 받을 수 있기를 바랍니다.

당신이 바라보지 않을 뿐

당신에게는 문제를 해결할 방법이 있고, 의문에 대한 해답이 있습니다. 그러므로 당신 삶의 의미와 가치를 당신 스스로 인식할 수 있습니다. 삶에서 만나는 모든 상황에는 당신만의 고유한 삶의 의미가 내재되어 있기 때문입니다. 모두가 당신의 선택입니다.

솔직히 말해봐

긴 인생의 여정에서 때로는 새로운 무엇인가에 도전해야만 할 때가 있습니다. 그 도전을 위해 성실하게 준비합니다. 준비가 완벽하게 되면 도전해야지 결심합니다. 그러나 삶의 모든 일에 앞서 완벽한 준비란 없습니다. 우리는 스스로 생각할 때 100%의 조건이 충족되면 시작하리라 마음먹고 늘 신중하고 조심스러워하다 시간만 너무 빨리 흘러가 버립니다.

완벽한 조건이 충족되길 기다리는 건 비현실적인 상상일 뿐이며, 정확히 말하자면 용기의 부족입니다. 새로운 시작이 요구하는 요건은 50%는 전문적인 능력의 준비이며 50%는 도전할 수 있는 용기입니다. 새로운 도전이 실패로 돌아올지라도 그 도전의 경험은 삶에 대한 두려움을 감소시키고 재도전할 때 더 좋은 결과를 얻을 수 있습니다. 삶의 모든 것이 도전이며 큰 용기가 필요하지 않을까요. 50%가 준비되었다면 지금 바로 도전해 보세요. 용기의 부재는 결국, 더 많은 행복의 기회를 놓치게 할 것입니다.

두 번째 삶

어떤 최악의 시련 속에서도 삶의 의미를 찾을 수 있다는 중요한 사실을 기억하세요. 한 순간도 놓치지 말고 삶을 사세요. 우리는 자신의 삶에 책임을 다 해야 할 의무가 있습니다. 처음이자 마지막 삶이 아닌, 지혜로운 깨달음을 가진, 마치 두 번째 경험을 하는 것처럼 사세요. 당신의 아름다운 지혜가 매 순간 빛나는 날들이기를...

왜?

내가 그걸 왜 해야 하는지, 그 명백하고 합당한 이유를 모르는 일은 하지 마십시오. 내가 부여하는 중요한 가치가 없는 것들은 끝까지 해낼 수 없으며, 곧 잊히고 말 것입니다.

희망이 없을 때

어떤 고난과 시련에서도 버티며 견딜 수 있는 사람은 그만큼 간절한 꿈이 있기 때문입니다. 사람을 살게 만드는 강한 의지는 미래에 대한 희망이 있을 때만 가능합니다.

위로

혹시 실패 했더라도 좌절하지는 마세요. 너무 오래 슬퍼하지 않았으면 합니다. 실패를 통해 큰 교훈을 배울 수 있어요. 모든 일이 잘 풀리기만 하는 사람은 없으며, 그런 삶은 성장할 수 없습니다. 새로운 삶은 매일 매일 우리를 향해 손짓하고 있으며 선택은 우리가 하는 것입니다. 지금은 많이 힘들겠지만 포기하진 마세요. 그 어떤 순간에도 희망을 가지는 용기를 선택하세요. 저도 마음이 아프답니다. 그 때 얼마나 힘든지 잘 아니까요. 그러나 다시 설 수 있습니다. 당신의 간절함이 당신을 다시 일으켜 줄 것입니다. 실패는 성장을 위해 필요합니다. 그렇게 우리는 겸손을 배웁니다. 그 어떤 순간에도 좌절하지 마세요. 간절한 만큼 이룰 것입니다.

열등감의 승화

학벌이 좋거나 스펙이 좋으면 아무래도 더 많은 기회를 갖게 됩니다. 그러나 사회에서의 성공은 학별이나 남다른 스펙으로 결정되지 않습니다. 성공을 이룬 사람들을 연구해보면 다양한 요건들이 다양한 상황에 따라 다르게 적용되기 마련이지만, 유독 놀랍고 대단한 능력을 가진 사람들이 있습니다. 그 대단한 능력이란, 자신의 열등감을 남다른 능력으로 승화시키고 성공으로 이르게 만든 사람들입니다.

열등감으로 인해 남을 시기하거나 현실을 원망하는 사람들도 있지만, 그 열등감을 성공의 열쇠로 활용한 사람들이 있습니다. 그들은 사람을 대하는 능력이 탁월하고 사람들을 언제나 높여주며 자신은 항상 낮은 곳에 두는 겸손함이 바로 그 비결입니다. 말 한마디를 해도 상대방의 기분을 참 좋게 만들어 주고 동시에 자신은 올라가는 사람들입니다. 그들은 언제 어디서나 상대를 높이고 굽혀야 할 곳에서는 한 없이 굽힐 줄도 압니다. 그들은 언제나 겸손함이란 옷을 입고 누구보다 더 성실히 살며 목표를 위해 남들보다 몇 배로 달려온 사람들이입니다.

인간의 능력이란 이처럼 자기 스스로 만들어가는 것입니다. 어떤 사람이 현재 부족해 보인다고 해서 절대로 섣불리 판단하지 말아야 합니다. 자신의 열등감을 성공의 열쇠로 활용한 사람들은 존경받을 자격이 충분합니다.

실수가 지혜로

지난 일을 후회하지 마세요. 내가 미흡했다면 미흡한 대로, 내가 잘못했다면 잘못한 대로, 배우고 얻은 것이 분명 있기에, 그 시간이 매우 가치 있는 것입니다. 대신, 두 번은 되풀이 하지 않도록 노력 하세요. 깨달음이 현실에서 적용되면 지혜가 될 것이고, 적용되지 않는다면 과거 그 시간의 가치는 없습니다.

두 가지

당신을 둘러싼 모든 것에서 자유로워지기를 바랍니다. 삶은 치열한 노력과 자유로울 수 있는 용기, 그 두 가지 뿐입니다.

선택은 책임이다

인간은 다양성과 유연성을 가집니다. 합리적 사고를 할 수도 있고 비합리적 사고를 할 수도 있습니다. 건강한 신념을 가질 수도 있고 왜곡된 신념을 가질 수도 있습니다. 어느 방향으로 살아가는 가는 그 누구도 대신할 수 없습니다. 수많은 길을 앞에 두고 어느 길로 가느냐를 선택하는 기회 앞에서 보다 합리적이고 현실적인 건강한 길을 스스로 선택해야 합니다. 선택은 누구도 대신해 줄 수 없습니다.

날개달린 생각

생각에 날개를 달아 보세요. 매일 반복되는 똑같은 생각에 잠겨 있는 건 아닌지, 내 생각의 틀에서 벗어나지 못하는 안일함은 이제 그만 버려 주세요.

화장실에 앉아서든, 버스에 서서든, 길을 걸어 가면서든, 아무도 보지 못하는 내 생각에 마음껏 날 수 있는 날개를 달아 주세요. 자유로운 생각 속에는 그 어떤 사회적 관념도 없습니다. 생각의 날개가 이곳저곳 자유롭게 날아다니도록 해 주세요. 창조는 자유로운 사고에서 시작됩니다.

노는 것도 지혜

하기 싫을 때는 하지 마세요. 과감히 내려놓을 수 있는 용기도 지혜입니다. 잠시 안 한다고 삶이 멈추지도, 끝나지도 않는 걸요. 그렇게 안 하다 보면 하고 싶어 미치는 날이 반드시 옵니다. 몰입은 그 때 하십시오.

창의력도 용기

창의력이란 남들이 보지 않는 곳을 보는 사람들의 능력입니다. 고단한 삶, 재미없는 것들은 인정받지 못합니다. 남들이 보지 않는 곳을 찾아보세요. 창조는 상식을 깨는 요소들의 발견으로 시작됩니다. 창의력은 곧 용기의 다른 이름입니다.

시련의 주인으로

시련은 마음의 근육을 더욱 단단하게 만들어 주기 마련입니다. 물론, 시련의 노예가 되지 않고, 시련의 주인이 되는 선택을 했을 때만 가능합니다. 노예가 되느냐, 주인이 되느냐는 오직 당신의 선택일 뿐입니다.

토해내기

내 안에 머물며 삶을 방해하는 커다란 슬픔이나 지독한 두려움은 충분히 표출되어야 합니다. 내 안의 모든 것을 온전히 다 말할 수 있는 사람이 반드시 옆에 있어야 합니다. 행복에 대한 감각을 둔하게 만드는 그것들로부터 자유로워지는 방법을 누구나 스스로 이미 알고 있습니다. 주저하지 말고 쏟아 버리세요. 자신에게 적절한 그 방법을 찾으세요.

존경받아 마땅한 사람들

전문가가 되려면 어떤 분야에서든 그 분야에서 최소한 10년은 지나야 합니다. 익숙해진다는 것, 그 무심함의 바탕에는 오랜 시간 동안의 남다른 노력과 묵묵한 인내가 있습니다.

내 맘이야

다른 사람들의 시선과 판단이 중요하다면 행복을 느끼기 어렵습니다. 다른 사람들에게 피해를 주지 않는 범위에서 내가 좋은 것을 선택하고 내가 좋은 것을 하세요. 행복할 방법은 그 뿐입니다.

강철기둥

두드리고, 치고, 때리고, 바르고, 수없이 박음질하고, 그렇게 세워진 강철기둥. 견고하고 단단하고 강인한 유기체. 바로 당신입니다.

행복의 요건은 용기

두려움이 크다면, 그래서 용기를 내기 어렵다면, 우리들의 삶에서 행복할 수 있는 시간은 단축될 것입니다. 즐겁게 살기 위해 좀 더 용기를 내 보세요. 고정된 사회적 통념과 좁은 사고는 개인의 행복을 막을 수 있는 요소들입니다. 진실로 하고 싶은 것들을 하나씩 시도하기 위해 우리에겐 용기가 필요합니다. 사고는 넓고, 마음은 자유롭게, 행복은 용기를 내는 자의 선택입니다.

타임머신

현실이 너무 힘들 때는 과거를 돌이켜 보세요. 그 때도 여전히 삶은 어려웠고 불가능한 일이라 여겼던 것을 가능하게 만들었습니다. 시간이 지나 기억은 완화되고 좋은 경험으로 변했지만 그 때로 돌아가 보면 어쩌면 지금보다 더 힘들었습니다. 결국 또 이겨낼 것입니다. 당신은 다시 또 그렇게 할 수 있습니다.

공존

큰 즐거움을 얻고자 한다면 더불어 극심한 고통도 감수해야 합니다. 그러나 우리들은 즐거움은 좋아하고 고통은 싫어합니다. 우리들의 삶에서 즐거움과 고통은 서로 번갈아가며 점철되기 마련입니다.

하나씩 지금 당장

변화가 필요할 때는 구체적이고 세부적인 계획이 필요합니다. 사고의 재프로그래밍, 체계적인 노력은 나를 성장시키고, 보다 풍요로운 삶으로 변화시켜 줍니다. 움직이세요. 지금 당장.

결심

분명한 목표가 있다면 아무런 의심도 하지 말고 오로지 열정만 남겨야 합니다. 그동안 회피하기 위해 동원했던 많은 일상의 핑계와 변명은 이제 그만 과감히 버려주세요. 지금까지와는 완전히 다른 방식으로 존재해야 합니다.

내가 좋은 게 정답

미친 듯이 열심히 달려가는 쪽이 더 행복하다면 그 길을 선택하세요. 쉬엄쉬엄 천천히 걸어가는 쪽이 더 좋다면 그 길을 선택하세요. 어떤 길이든 그 길을 가는 것에서 중요한 문제는 내가 어느 길로 가야 보다 행복할 수 있느냐의 문제입니다. 정답이란 세상 어디에도 존재하지 않습니다.

설렘이 없다면

일상에서의 소소한 즐거움을 느낄 줄 모른다면 행복은 당신과 무관한 것입니다. 설렘을 유지하세요.

겸손보다 중요한 것

항상 나를 낮추는 겸손한 태도는 무척 중요합니다. 그러나 더욱 중요한 것은 과거의 삶에 대하여 언제나 당당할 수 있는 담대함과 미래를 두려워하지 않는 자신감입니다.

승자는 두려움을 두려워하지 않는 사람

두려움은 대상이 있는 감정입니다. 무엇이 두렵다고 느끼나요? 두려운 대상은 바로 실패입니다. 나의 기대함은 성공인데 혹시 실패하면 어쩌나 생각하면 두려움이 몰려오기 때문입니다. 실패가 두려운가요? 실패가 두려운 당신은 시행착오나 엉망진창인 상황에서 얻을 수 있는 것들을 뒤로하고 있기 때문입니다.

실패도 두렵지 않다는 대단한 각오, 그리고 실패에 따르는 짧지만 체계적인 대책과 계획도 함께 준비해야 합니다. 실패가 두렵지 않다는 각오도 없이 어떤 새로운 도전을 할 수 있을까요? 완벽한 준비란 없으며 단단한 각오만 있을 뿐입니다.

성공 이전에 신념

신념이 올바르고 그 신념이 확고하다면 이제 준비가 되었습니다. 그 신념은 고난에 대해 두려움이 없으나, 자신의 불완전함을 수용하여 겸손합니다. 살면서 반드시 가져야 할 것은 시련 뒤에 찾아와 선물이 되어준 신념입니다.

그것은 비바람에도 흔들리지 않는 바위와 같아 묵묵히 견딜 줄 압니다. 이제 다음 단계로 나아가세요. 성공할 준비가 되었습니다.

꿈은 목적이 있다

계획하지 말고 꿈을 꾸세요. 무엇을 어떻게 할지 고민하지 말고 왜 하는지 그 목적을 분명히 하세요. 당신이 자신을 믿는 만큼만 사람들이 당신을 믿어줄 것입니다.

고민 앞의 해결 방법

옳은 것도 없고, 옳은 길도 없습니다. 당신이 행복한 길이라면, 세상 누가 뭐라 해도 그 길을 선택하세요. 사람들은 당신만큼 당신의 삶을 알지 못하며, 당신이 진정 행복할 수 있는 방법에 대해서도 알지 못합니다. 그리고 당신만큼 당신의 행복에 간절하지도 않습니다. 그 어떤 선택도 옳고 그른 것은 없습니다. 죽음 앞에 가장 적게 후회할 수 있는 선택, 그 조건은 사람이든, 일이든, 그 어떤 것이든, 당신이 사랑하고 사랑 받으며 살아갈 수 있는 가장 행복한 바로 그 길입니다.

취약성에 관대한 사람

나 자신의 취약성을 인정하고 있는 그대로의 내 모습을 사랑하는 자는 타인의 취약성에도 친절한 법입니다. 우리는 모두 불완전한 존재들이기 때문입니다.

마음의 근육을 단단히 하기

내면의 힘이 강한 사람은 자신의 상황과 현실을 이해하고 수용합니다. 자신이 가진 잠재력과 힘에 주목하며 그것을 깨닫고 발휘하고자 노력합니다. 자신의 내면적 힘을 긍정하며 새로운 모습을 위해 끊임없이 노력합니다. 내면의 힘을 키워야 하는 이유입니다.

용기가 가진 권위

보다 나은 삶을 살기위해 반드시 필요한 요소는 당장 행동할 수 있는 용기입니다. 삶은 매순간 용기 있는 자에게 손을 내밀어주기 때문입니다.

지금 당장 일어나세요.

내가 고개를 숙일 때

많이 긴장되고 떨리는 이유는 아직 준비가 되지 않았기 때문입니다. 완벽한 준비란 없으나 무의식 속에 자신감이 있다면 크게 긴장하지 않습니다. 나는 열심히 준비했다고 생각했지만 아직 적절한 역량을 갖추지 못했다는 의미입니다. 무대에서 막이 내리고 난 후에 실수한 것들이 생각나고 틀린 것들이 부끄럽게 떠오릅니다. 그렇다고 해도 억울해 하거나 후회하지 말아야 합니다. 나는 다 알고 있다고 생각하지만 아직 내 것이 되지 않았다는 의미입니다.

탄탄한 준비가 되었을 때는 실수도 여유로우며 긴장되지 않지만, 아직 준비가 되지 않았을 때는 실수는 치명적이며 긴장을 많이 합니다. 자신의 역량이 아직 미흡함을 깨닫고 초심의 마음으로 새롭게 시작해야 합니다. 겸허히 고개를 숙이고 더욱 성장하는 계기로 삼아야 합니다. 물론, 절망은 금물입니다. 성장과 발전은 내가 고개를 숙일 때 이루어집니다.

진짜 공부

배우고 경험하고 그것을 맥락 적으로 이해하고, 마음으로 공감하고 실제적 지식으로 활용하여 나의 것으로 만들면, 드디어 진짜 공부가 시작된 것입니다. 공부는 머리로 외우는 것이 아니라 가슴으로 이해하는 것입니다. 그래서 많은 경험을 한 나이일수록 모든 것에 대한 공감과 이해의 속도가 빠르기 때문에 공부가 재미있는 것입니다.

모든 개념에 대한 이해는 맥락적으로 살필 때 가능하며, 그러한 깊이는 다양하고 많은 책들을 접하거나, 자신이 가진 고정된 신념을 해체하고 넓은 세상을 받아들이는 열린 태도나, 내가 모르는 것들을 인정할 수 있는 풍부한 삶의 경험으로부터 나오는 것입니다. 즉, 공부의 능력은 삶을 성찰하는 철학적 맥락의 능력입니다.

나를 믿을 용기

자신에 대한 온전한 믿음. 그 믿음 또한 용기를 바탕으로 할 때 가능합니다. 자신을 온전히 믿을 수 있는 그 담대한 용기를 선택하는 날들로 채워나가길 바랍니다.

경험의 승화

예술은 경험을 재창조하는 도구입니다. 예술가는 자신의 경험을 모두 드러낼 수 있는 과감한 용기가 필요합니다. 그 용기는 삶을 변화시킬 수 있으며, 작품을 성장시킬 수 있는 유일한 요소입니다.

큰 그림

이런 날도 있고 저런 날도 있습니다. 작은 것에 마음을 두며 아파하면 큰 그림을 그리지 못합니다.

불필요한 겸손 따위

노력한 결과가 당신에게 큰 기쁨으로 돌아왔을 때 운이 좋았다고 말하지 마세요. 노력한 보람이 있어 참 기쁘다고 말하세요. 자신의 삶에 대한 태도에 대해 항상 긍정적인 표현을 사용한다면 당신의 미래 또한 밝을 것입니다.

내가 그리는 그림

중요한 건 고통스러운 사건이 아닙니다. 어차피 삶은 고통의 연속이니까요. 그 고통의 경험을 어떤 색으로 그려 나갈지는 온전히 내 자신의 몫입니다.

도전하는 삶

나에게 닥친 고통스러운 현실을 수용하지 않고 회피하려 할 때 삶은 무의미해 집니다. 삶의 지침을 돌려놓을 수 있는 정신적 승리로 도전 하세요. 도전을 무시하는 삶은 무의미할 뿐입니다.

작은 혁명

아무런 번민도 없이 내 영혼이 온전히 자유로울 수 있는 작은 혁명이 일어날 수 있는 계기는 혼자하는 여행입니다. 시도는 어렵지만 막상 해 보면 새로운 세상이 보일 것입니다. 꼭 한 번은 떠나보세요.

뭘 주저하나요?

다른 사람들이 어떻게 생각할지는 조금도 중요하지 않습니다. 타인의 시선은 한 순간일 뿐이고 내 마음과 행복은 죽는 날 까지니까요. 내 행복을 가늠 할 수 있는 사람은 나 자신 뿐입니다. 당신은 이미 정답을 알고 있습니다.

나를 용서하는 일

용서는 타인을 대상으로만 하는 것이 아닙니다. 내가 내 자신을 용서하는 것은 타인을 용서하는 것보다 더욱 중요합니다. 과거에 후회되는 일이 아직도 나를 괴롭힌다면 그 죄책감이 과연 합리적이고 타당한 것인지, 면밀히 검토해 볼 필요가 있습니다. 그 시간의 나를 찾아가 말해 주세요.

"너는 그 때의 너로서는 최선을 다 했어. 네 탓이 아니야."

과거의 나를 만나 온전히 용서해 주세요. 그리고 그 사건을 수용하고 받아들이세요. 지금의 누구에게도 도움이 되지 않는 불필요한 죄책감은 이제 그만 흘려보내세요. 당신 탓이 아니었습니다.

내 자신의 오만을 깨닫게 되는 날이 생각에 날개를 다는 날입니다. 알면 알수록 모르는 것들이 많았다는 것을 깨닫게 됩니다.

관점의 진화

우리가 느끼며 살아가는 대부분의 부정적 감정들은 잘못된 생각에서 발현된 것들입니다. 우울함도, 슬픔도, 아픔도, 나아가 분노도, 증오도 마찬가지입니다. 내가 가진 고정된 신념의 틀 안에서 매일 같은 생각을 되풀이하며 사는 우리들은 감정을 조절하기도 쉽지 않습니다. 내담자들의 대부분은 스스로 조절하기 힘든 감정을 안고 찾아오지만, 알고 보면 왜곡된 생각이 문제였습니다. 사물이든, 현상이든 내가 바라보는 방향은 늘 한 방향에서만 보고 있기 때문에 다른 방향에서 보면 완전히 다른 사물이고, 다른 현상이라는 것을 감지하지 못하고 살고 있습니다.

과거에 어떤 한 가지 사건으로부터 성립되고 고정된 스키마는 비슷한 상황이 닥쳐왔을 때 편향된 부정적, 자동적 사고를 일으키고, 결국 그 울타리 안에서 나 혼자 해석하고 판단해 버립니다. 고정된 신념은 이토록 답답한 것입니다. 스트레스를 조절하고, 우울한 감정에 에너지를 불어 넣어주고, 더 자주 즐겁고 행복을 느끼기 위해 우리는 오랫동안 묵혀온 좁은 관점의 틀을 확장시켜주고, 보다 합리적이고 객관적인 방향으로 진화시켜야 합니다.

지식이 늘어난 만큼, 의식 수준이 높아진 만큼 생각도 업그레이드가 되어야 합니다. 내가 바라보는 세상이 얼마나 작고 좁은지 알게 되면 무한한 다양성 앞에서 고개를 숙이게 됩니다. 내 자신의 오만을 깨닫게 되는 날이 생각에 날개를 다는 날입니다. 알면 알수록 모르는 것들이 많았다는 것을 깨닫게 됩니다.

경직된 사고에도 윤활유를 부어줄 때가 되었습니다. 나를 비판적으로 검토해보고 반성할 수 있는 기회가 필요합니다. 인지적 접근을 통해 생각을 새롭게 조망해 보는 시간을 가져서, 당신의 내일은 오늘보다 새롭기를 소망합니다.

많은 책을 읽는 방법

책을 많이 볼 수 있는 방법은 내가 흥미롭게 느끼거나, 내게 필요한 부분만 보는 것입니다. 어떤 책은 목차만 봐도 좋은 것입니다. 책은 처음부터 끝까지 인내심을 가지고 다 읽어야 하는 것은 아닙니다. 그런 태도는 자신의 인내심을 보려는 것이지, 지식이나 정보를 얻고 탐구하고자 하는 태도가 아닙니다. 한 책을 몇 달 동안 붙잡고 있지 말고, 그 시간에 여러 책을 조금씩 보는 편이 좋습니다. 이것이 많은 책을 보는 사람들의 특징이며 방법입니다. 인내심으로 파고들며 책을 보는 시대가 아닙니다. 책을 보는 방법도 달라져야 합니다.

투덜이의 문제

사람들은 현실이 힘들 때 자신을 둘러싼 환경을 바뀌어야 한다고 잘못된 생각을 합니다. 우리는 힘들 때, 우리의 마음을 바꾸어야 합니다.

상처 말고 다른 이름

누군가 나에게 상처를 주려고 마음먹고 상처를 주는 일은 없습니다. 그 사람도 자기가 어쩔 수 없는 마음이 있기 마련입니다. 우리들도 모두 마찬가지니까요. 그 사람이 내게 한 행동을 상처로 받아들이고, 그것에 상처라는 의미를 부여하는 건 우리들 자신입니다.

그 사람이 내게 상처를 주었고 나는 상처를 받았다고 여기지 마세요. 내가 상처로 받아들이면 치료기간이 오래 걸리는 깊은 어둠이 되지만, 상처가 아닌 작은 의미를 부여하고 재빨리 처리해 버린다면 상처가 되지 않습니다. 내가 계속 끌어안고 있으면 상처가 되고, 툭 치고 버리면 상처가 되지 않기 때문입니다. 상처 받기로 마음먹고 상처를 선택했다면 다시 한 번 고민해 보면 어떨까요. 어떤 크고 대단한 일이더라도 내가 부여하는 의미에 따라 전혀 다른 경험이 될 것입니다.

큰 착각

내가 안 하면 제대로 안 될 것 같은 생각에 모든 걸 내가 직접 해야 마음이 편할 때가 있지요. 그러나 그런 생각은 비합리적이며 비현실적입니다. 다른 사람들도 잘 할 수 있다고 믿어야 하며, 잘 할 수 있다고 직접 말해 주어야 합니다. 그 사람도 성장하도록 기회를 주어야 하며, 내가 생각하지 못한 새로운 관점에서 볼 수 있는 좋은 기회이기도 합니다. 내가 아니면 엉망진창이 되어 버릴 것 같은 생각은 사실 큰 착각이며, 오만의 현상입니다.

당연한 것들에 대한 시선

죽도록 노력하고 열심히 뛰는 사람은 세상에 넘쳐 납니다. 당신의 분야에서 성공하고 싶다면 열심히 달리기만 해서는 안 됩니다. 아날로그와 디지털의 상관관계를 생각해 보세요. 본질과 새로움을 통합해야 합니다. 무엇을 택하고 어떻게 취할지 고민해 보세요.

그리고 지금 당신이 하는 생각은 이미 남들도 하고 있는 것입니다. 뒤집어서 봐야 하고 비틀어서 생각해야 합니다. 당연한 것들은 어쩌다가 왜 당연한 것들이 되어 있을까요? 세상에 당연한 것은 없습니다.

터널 속 시선

많은 사람들은 반복적으로 사고하게 되는 자기만의 패턴적인 사고방식이 있습니다. 우연한 깨달음과 함께 실제 생활에서 적용하는 열린 마음이 없다면 발전은 없습니다. 자기만의 패턴적 사고에서 벗어나지 못한다면 평생 동안 내가 지금 바라보는 세상이 전부일 테니 말입니다. 얼마나 안타까운 일인가요.

동심

삶을 다 이해하지 못하면 어떤가요. 그래야 삶이 즐거워집니다. 철이 좀 안 들면 어떤가요. 그래야 쉽게 늙지 않습니다.

실수해야 하는 이유

삶은 수많은 선택으로 이어집니다. 잘못 선택한 것들도 많지만 참 잘 선택한 것들도 많습니다. 그러나 잘못 선택한 것들은 새로운 깨달음을 줍니다. 잘못 선택한 것들에 대해 후회하거나 오래 슬퍼할 필요는 없습니다. 실수는 나 자신을 좀 더 명료하게 바라보게 해 주니까요.

삐딱하게

조금 어긋나면 어떤가요. 조금 벗어나면 어떤가요. 조금 삐딱하면 어떤가요. 조금 불안해하면 어떤가요. 즐거운 일은 대부분 조금 삐뚤어진 것들입니다.

불면증과 친해지기

불면증이 당신을 괴롭히나요? '나는 왜 잠이 안 올까? 나는 왜 불면증이 있을까?'라는 생각을 하면서 잠을 못 자나요? 그런 생각이 더 불면증을 유발하며 뇌의 뉴런을 쉬지 못하게 합니다. 그냥 불면증을 받아들이세요. 긴 인생 매일 잘 텐데 잠시 잠 좀 못 잔다고 큰일 나지 않습니다. 불면증을 보내는 방법은 불면증을 인정하고 받아들이는 것입니다. 잠이 오지 않음을 괴로워하지 말고 그냥 몸이 하는 대로 맡겨 두세요. 우리의 정신과 몸은 하나이며, 때로는 그들이 원하는 것을 들어줄 때, 모든 것이 더 좋아질 수 있습니다.

모름은 무죄

알고 있는 것들을 생각하는 것이 모르는 것들을 깨닫는 것보다 위험합니다. 변화는 내가 모른다는 것을 깨달을 때 비로소 찾아옵니다. 모르는 것이 아는 것보다 중요한 이유입니다.

즐거워야 몰입한다

책을 많이 읽다보면 많은 책을 빨리 볼 수 있는 요령과 기술이 생깁니다. 어떤 일이든 오랫동안 반복되면 시간은 단축되고 자신감과 여유도 따라오기 마련입니다. 동시에 많은 책을 볼 수 있는 방법은 책상위에 하나, 거실 테이블 위에 하나, 식탁위에 하나, 소파에도 하나, 침대위에도 하나, 가방 속에도 하나, 이렇게 여러 물리적 공간에 던져 놓고 수시로 보는 것입니다. 자신이 정말로 좋아하는 것을 한다면 그것에서 잠시 떠나기도 어려우며 그 어떤 놀이보다도 즐겁습니다.

거리가 필요한 이유

밀착된 상태로 그것만 계속 들여다보면 점점 어떻게 보이나요? 일도, 사람도, 사물도 하나에만 몰입해서 너무 장시간을 들여다보면 우리들의 시야는 점점 좁아지고 판단력이 저하됩니다. 무엇이든 조금 거리를 두고 바라볼 때 훨씬 더 많은 것들이 자세히 보이게 됩니다. 아주 가까이 들여다보는 시간도 필요하지만, 조금 떨어져서 바라보는 시간도 필요합니다.

모든 것에 있어서 지혜롭게 창조해 나가는 과정이 더 좋은 결과와 더 오래갈 수 있는 기쁨을 줄 것입니다. 아주 가까이서 들여다 볼 때는 안 보이던 것들이 조금 거리를 두고 볼 때는 새로운 것들이 보인다는 것을 믿고 꼭 실천

해 보세요. 그래서 적당한 거리는 지혜로움의 상징입니다.

행복의 비밀

행복은 스스로 만들어 가는 것입니다. 살다보면 얻을 때가 있고, 잃을 때도 있습니다. 얻은 것은 반드시 좋은 결과이고, 잃은 것은 꼭 나쁜 결과라고 생각한다면, 얻은 것과 잃은 것의 차이를 사실보다 과대평가하기 때문입니다. 어떠한 역경의 상황에서도 어떻게 생각하느냐에 따라, 역경은 성공으로 변하기도 합니다. 행복의 연금술은 바로 당신의 손 안에 있으며, 행복의 비밀은 오직 당신의 생각 안에 존재합니다.

책을 읽어야 하는 이유

삶의 궤도에 수정이 필요한 사람에겐 책이 안내자가 될 수 있습니다. 글은 나와 세상을 관조적으로 통찰하도록 도우며, 올바른 방향을 제시해 주기 때문입니다.

교차점에 서서 바라보기

새로운 아이디어는 교차점에서 창조됩니다. 꿈과 현실의 교차점, 기대와 경험의 교차점, 희망과 절망의 교차점, 부와 가난의 교차점, 학문과 학문의 교차점, 집착과 비움의 교차점. 삶의 수많은 교차점이 존재하는 공간에는 새로운 창조의 자유가 자리하며, 서로 상반되는 것들끼리의 조화를 이룰 때 상상하지 못했던 새로운 의미를 발견할 수 있습니다. 어떤 한 쪽에서도 구속되지 않는 자유, 그 교차점에 서 보시기 바랍니다. 무엇이 보이나요?

열정에 감사하라

지친 하루의 끝에서 남들보다 힘들다 여기지 마세요. 다 만나보지 못한 열심히 사는 사람들이 세상엔 너무나 많을 테니까요. 내가 제일 힘들고, 열심히 산다는 생각은 큰 착각이고 오만입니다. 그저, 그런 사람들 중 한 사람으로서 자리할 수 있다는 것만으로도 기쁘고 감사해야 합니다. 그리고 그 열정이 영원하길 바랍니다.

언제나 태도

우리가 행복할 수 있는 가장 긴 시간은 겨우 100년이라는 시간입니다. 하루의 행복을 느낄 겨를도 없이 시간은 쉬지 않고 흘러갑니다. 고통스러운 일은 되도록 빠른 시간 안에 좋은 것들을 바라보는 마음으로 바꿔어야 합니다. 고통은 그것을 감당하는 우리의 태도에 따라 달라질 수 있습니다. 이 글을 쓰며 또 3분이 지났습니다. 행복할 수 있는 시간은 계속 줄어듭니다. 힘겨운 일들도 많지만 곰곰이 생각해보니 나는 지금 충분히 행복한 사람입니다.

아름답게 살아가기

나이를 먹는 것은 소중한 것들과 감사한 것들을 알게 해 주는 과정입니다. 다양한 경험은 지혜로 승화되고 반복되는 시련은 절제와 겸손, 그리고 적절한 단호함을 갖추게 해줍니다. 삶을 아름답게 살아가는 방법은 현재에서 좋은 것들을 알고 그 가치를 즐기는 것입니다.

반성

두 손으로 핸들을 움켜쥐고 속도를 높여 앞만 바라보고 미친 듯이 달려온 길. 잠시 멈추어 달려온 그 길을 뒤돌아보면, 미쳐보지 못해 아쉬운 풍경들이 있기 마련입니다. 내가 달려온 모습을 내가 아닌 제 3자가 되어 돌이켜보는 일. 내가 생각하지 못했던 다른 시각에서 나를 바라보는 일. 나는 그것을 '반성'이라고 말합니다.

창의력도 노력의 결과

창의력은 어느 날 갑자기 생기는 것이 아닙니다. 수많은 정보들이 내 안에서 관련성을 가지고 연결되어 질 때 그것들을 바탕으로 새로운 아이디어가 만들어집니다. 창의력은 저절로 생겨나는 직관적 능력이 아닌, 충분한 준비와 오랜 시간 동안의 인내심과 열정, 그리고 몰입의 과정을 거쳐 생겨나는 것입니다. 결국, 창의력도 노력으로 만들어지는 능력입니다. 어느 날 갑자기 대박 나는 것은 절대 없습니다.

생각이 만드는 무게

복잡하다고 생각해서 복잡하기만 했던 문제가 '생각보다 간단하구나'라고 생각하니 간단해 졌습니다. 모든 일은 바라보는 방향에 따라 그 무게가 달라지기 마련입니다.

창조의 어머니, 경험

경험은 내면에 쌓이는 지식이 됩니다. 지식은 예측하지 못했던 어느 순간에 아이디어를 창조하며 놀라운 효과를 내기도 합니다. 많은 것을 보고, 듣고, 느끼고 담아내기 위해 많은 타자와 소통하고 많은 곳을 여행해야 합니다. 새로운 창조는 어느 순간, 어느 곳에서, 언제 일어날지 예측할 수 없기 때문입니다.

결핍의 산물, 꽃

생각해 보니 결국, 내가 가진 결핍이 내 삶의 선물이었습니다. 내게 결핍이 없었다면 이만큼의 간절함은 없었을 테고, 이토록 열심히 살지도 않았겠지요. 꽃은 이미 피어나고 있었습니다.

글쓰기

글은 경험이 주는 어려움 속에서 의미를 발견하게 해 줍니다. 경험을 이야기하고, 다시 글로 쓰는 과정은 경험의 새로운 의미를 발견하게 해 줍니다.

지식이 경험을 만나고, 경험이 지식이 되는 과정입니다.

시야를 바꾸기

나를 낮추고 타인의 마음을 바라보는 태도를 가지세요. 내 키를 조금만 낮추면 그동안 보지 못했던 또 다른 세계가 눈앞에 가득할 것입니다.

수용

삶의 부조리한 많은 것들은 그대로 수용해야할 문제입니다. 누구도 함께 갈 수 없는 이 고독한 여정은 벗어나야할 문제가 아닙니다. 해결할 수 있는 방법도 없습니다. 부조리하고 고독한 삶을 바라보는 태도는 해결이 아닌 수용이어야 합니다. 결국, 삶은 고독한 여정으로 이어집니다.

때로는 시간을 멈추어야 한다

높은 곳에 올라가 내가 살던 세상을 바라봅니다. 나의 시간은 멈추고, 저 아래의 시간은 재빨리 흘러갑니다. 사람들이 어디로 가고 어떤 흔적을 남기는지 비로소 눈에 보이기 시작합니다. 가만히 멈춰서는 사람은 다른 사람들을 볼 수 있습니다. 그렇게 조용히 세상을 바라보며 우리 자신의 마음속을 들여다 볼 수 있게 됩니다. 때로는 높은 곳에 올라가 큰 그림을 봐야 합니다.

해석에 따라 달라지는 경험들

지나간 기억이 모두 아름답지는 않습니다. 그렇지만 시간이 많이 흐른 뒤에 더욱 성장하게 되면 모든 기억을 아름답게 해석할 수 있습니다. 모든 경험은 특정한 사건이 중요한 게 아니라, 그 사건의 해석이 중요하기 때문입니다.

그릇이 작으면

당신은 그 사건을, 그 상황을 왜 그렇게 부정적으로만 해석하고 있나요? 다시 잘 생각해 보십시오. 그 해석은 당신이 정해놓은 자의적인 규칙 안에서 그릇된 판단을 하고 있는 것이 아닌가요. 검증되지 않은 믿음 때문에 전혀 진실이 아닌 것으로 괴로워하지 마세요. 아마도 당신의 해석은 당신의 머릿속에 잠재된 믿음으로 인해 현실을 오해하고 있는지도 모르니까요. 우리들은 우리에게 닥쳐오는 모든 사건과 상황을 우리의 생각대로만 경험합니다.

지루하기 짝이 없는

이질감을 가진 것들이 함께 할 때의 즐거움. 삶의 모든 영역에서도 마찬가지 아닐까요. 일반적인 것, 무난한 것, 평범한 것, 통상적인 것, 예상할 수 있는 것. 그 뻔한 공식은 지루하고 재미없습니다.

모르면 억울해

세상엔 상식을 깨는 실제들이 존재합니다. 내가 알고 있던 그 상식이 깨지는 순간 배움과 앎이 얼마나 중요한지 알게 되며, 사고의 전환과 삶의 방향이 달라질 수도 있습니다. 듣고, 배우고, 보고 배우세요. 죽는 날까지 공부해야 하는 이유입니다.

공간이 사람에게 주는 것

물리적 공간의 변화는 잠재되어 있던 상상력을 만나게 해줍니다. 공간의 변화가 필요한 이유입니다.

도마에 올라간 빵

남다른 시선을 가지기 위해서는 우선, 그동안 당연시 여기며 살아왔던 것들을 파괴하는 과정부터 시작해야 합니다. 낯선 것들끼리의 조합이 아름다운 세상입니다. 빵은 왜 꼭 접시에 올려야 하나요?

뒤에서 바라보기

한 가지 생각에 집중하다 보면 큰 그림을 보지 못하게 됩니다. 지금 내가 얽매여 있는 그 생각에서 한걸음만 물러나 보세요. 어쩌면 그것보다 더 중요한 핵심을 놓치고 있지는 않았는지요.

신념의 퍼즐조각

우리들의 삶은 매일 크고 작은 사건들의 연속입니다. 어떤 특정한 사건들이 우리들의 삶을 결정지을 수는 없습니다. 각자의 삶을 결정지을 수 있는 건 오직 사건들을 해석하는 개인의 신념체계입니다.

색안경

사물이든, 사람이든, 당신이 생각하는 대로 보일 것입니다.

중간에는 뭐가 있을까?

반복되는 사고의 습관적인 방식은 개인의 발전과 행복에 큰 방해가 됩니다. 모든 일은 예측할 수 없으며 다양한 경우들이 존재하기 때문입니다. 사람들은 타인의 일은 객관적으로 평가하면서 막상 자신의 일에는 극단적인 평가를 하곤 합니다. 모든 일에는 이분법의 극단이 아닌, 중간의 것들이 반드시 존재하기 마련입니다.

인간은 모두 자기초점에 근거하여 생각하고 판단해 버리는
경우가 대부분이어서, 내 기분을 나쁘게 하고, 내 감정을
슬프게 한 것에만 초점을 두기 마련입니다.

관계의 인문학

잘 생각해 보면 우리가 가지고 살아가는 스트레스의 대부분은 관계에서 비롯된 것입니다. 가까운 가족이든, 연인 사이든, 직장 상사든, 고객이든, 사람으로부터 시작된 것입니다. 수많은 관계 속에서 우리는 서로 끊임없이 상처를 주고받으며 살아갑니다. 그렇기 때문에 나를 보다 정확히 이해하고 타인을 이해할 수 있는 능력을 키워야 합니다.

때로는 타인의 행동을 보고 내 기준에서는 이해가 되지 않아 서운함이 커지고, 상대방의 의도와는 다르게 내 스스로 상처라는 심연을 선택해 버립니다. 타인이 내게 하는 냉정한 말과 이해할 수 없는 행동이 나를 힘들게 합니다. 여기서 인간에 대한 본질적 이해가 요구됩니다. 인간의 말과 행동의 이면에는 참 많은 이야기들을 담고 있습니다. 우리는 몰랐던 그 사람의 어린 시절의 환경, 그 사람의 성장 과정, 성인이 된 후에 경험한 상처와 아픔 등을 담고 있습니다. 인간은 모두 자기초점에 근거하여 생각하고 판단해 버리는 경우가 대부분이어서, 내 기분을 나쁘게 하고, 내 감정을 슬프게 한 것에만 초점을 두기 마련입니다.

우리들의 말과 행동에는 깊은 근거와 원인이 내재되어 있습니다. 한 사람이 살아온 삶의 이야기를 이해해야 합니다. 그 사람이 보여주는 것들의 이면에 무엇이 존재할까요? 그 사람의 삶을 이해하고 인간의 근본적인 본질을 이해한다면 우리들의 상처는 정말 작아질 수 있습니다.

가족과의 관계에서도 상처를 주고받으며 살아갑니다. 내담자 중 한 여성은 어린 시절부터 아버지로부터 끊임없이 상처를 받으며 성장했습니다. 물론 상처는 주는 사람이 정한 것이 아닙니다. 상처는 받는 사람이 상처로 의미화하여 받아들이는 것입니다. 행동한 사람은 자신이 상대방에게 상처를 주는 행동을 했다는 사실도 알아차리지 못하는 경우가 대부분입니다. 그녀는 아버지와의 관계에서의 깊은 갈등을 해결하기 위해 내가 이끌어 가는 방향으로 잘 따라와 주었습니다. 어떤 경우에서도 내담자의 치유에 대한 강한 의지와 행복에 대한 간절함이 필수요소입니다. 그녀는 아버지에 대한 서운함과 원망으로 가득했지만 치료를 마친 후에는 아버지 삶의 아픔들을 이해하고 아버지를 마치 아기처럼 보듬어 줄 수 있게 되었습니다.

우리는 그녀의 아버지가 살아온 삶을 돌이켜 보며 아버지의 입장에서 세상을 이해했습니다. 아버지는 왜 그랬을까? 아버지는 왜 그럴 수밖에 없었을까? 아버지의 깊은 마음속엔 무엇이 있었을까? 아버지는 내게 왜 그런 행동을 하셨을까? 그 깊고 아픈 이야기들을 함께 나누고 세상을 바라보는 과정을 통해 그녀는 아버지를 온전히 이해할 수 있게 되었습니다. 결국 공포의 대상으로 자리했던 아버지는 그녀에게 그저 어린 아이였을 뿐이었습니다.

본질에 대한 깨달음과 그 의미에 대한 발견은 상처를 치유해줍니다. 스스로 선택했던 부질없는 상처와 그로 인해 아파했던 시간들이 치유되자, 그녀는 이제 스스로 자신의 삶을 개척해 나가며, 모든 관계에서의 갈등을 잘 해결하고 있습니다.

이 장에서는 다른 사람과 관계를 맺는 방법, 결국 우리 자신을 위해 선택해야하는 것들을 제안하고자 합니다. 사람과 사람 간의 인문학, 그 관계를 이해하는 인문학의 방법이 아픈 우리들에게 치유의 도구가 될 수 있을 것입니다. 나를 아프게 하는 그 사람, 그 사람은 어떤 삶을 살아온 것일까요?

결국 내가 올라가는 방법

자존감이 높은 사람들은 자기주장이 강하지 않고, 다른 사람들의 이야기를 잘 경청하며, 자주 너그럽고 늘 관대하며, 다양한 사람들과 다양한 상호작용을 합니다. 타인을 항상 높여 주는 사람이 자신감이 굳건한 사람들입니다. 그러므로 흔히 우리가 말하는 '잘난 척'이란, 오래된 열등감이나 본질적 콤플렉스가 강하게 작용한 경우입니다. 인간은 본능적으로 자신을 방어하기 위한 여러 행동을 하고 살아가지만, 사람들은 그 이면의 것들은 잘 보지 못합니다.

마케팅

설득하려고 하니 안 되는 겁니다. 짧지만 명료하게, 심플하지만 강하게, 부드럽지만 완고하게, 우아하지만 냉철하게... 설득하려 하지 말고 유혹하세요. 당신의 성공을 빕니다.

꽃이 피는 이유

당신이 나를 꽃으로 알면 나는 한 송이 꽃으로 피어나고, 당신이 나를 나비로 여기면, 나는 한 마리의 나비가 되어 날 수 있습니다. 한 사람에게 어떤 의미를 부여하느냐에 따라 그 사람은 다른 존재가 될 것입니다. 그것이 관계의 법칙입니다.

판단 중지 경고

내가 바라보는 세상의 모든 대상들 - 사물이든, 사람이든, 개념이든, 사상이든 당장 그 대상을 향해 내가 하고 있는 모든 판단을 중지하세요. 내가 차마 다 알지 못하고 섣불리 판단하여 발생하는 결과는 모두 나의 문제가 되고, 내가 나아가는 방향도 틀어질 수 있습니다. 내가 알지 못하고 내가 보지 못하는 세상이 얼마나 방대하며 무한하지 생각해 본 적이 있나요? 내가 바라보는 그 대상의 입장이 되어 온전히 이해하기 위해 과연 우리는 얼마나 노력을 했을까요. 내가 그 사람이 되어 보고, 내가 바람이 되어 보고 내가 들에 핀 꽃이 되어 보지 않고 판단을 하는 행위는 엄청난 오만입니다. 우리는 모든 대상을 향해 더 넓은 가능성을 열어 두어야 합니다. 그럼으로 인해 우리는 보다 적게 실망하고, 적게 절망하며, 적게 상처받기 때문입니다.

부디

표현하지 않고, 말하지 않고 상대가 모른다고 투정하지 마세요. 우정도, 사랑도, 그 애틋한 마음은 내가 보여주는 딱 그만큼만 상대가 볼 수 있다는 그 명백한 실제를 어찌 모르고 있나요?

행복하기 위해 노력하는 사람들

우울한 사람보다는 행복한 사람을 옆에 두세요. 행복을 자주 느끼는 사람은 일이 그저 즐거워서가 아니라, 행복하기 위해 항상 노력하는 사람입니다.

그러므로 행복한 사람은 바른 인성을 가졌습니다.

쓸데없는 자존심

어떤 일에서든 내 자존심을 먼저 내세우다 보면, 모든 과정이 순조롭게 흘러가기가 어려워집니다. 내 자존심을 지키는 일이 이기거나 지는 일이 아니기에, 보다 중요한 것을 챙기는 편이 지혜롭습니다. 자존심을 지키려다 관계는 불편해지고 일을 순리적으로 흘러가기가 어려워집니다. 지키고 싶은 관계라면, 자존심 보다는 '우리'라는 관계를 우선에 두세요. 언제나 그 자존심이 말썽을 부리기 마련입니다.

기쁨을 공유하는 사람

슬프고 힘든 일에 위로해 주는 것은 어려운 일이 아닙니다. 걸어가다 다치고 넘어져 울면 지나가던 처음 보는 사람들도 도와주기 마련입니다. 그러나 기쁘고 좋은 일에 진심으로 기뻐해 주는 일은 인간의 본질상 쉽지 않습니다. 진정한 내 사람은 내가 기쁜 일이 있을 때 진심으로 함께 기뻐하고, 오롯이 내 입장에서 공감하며 함께 감격스러워 합니다. 내가 기쁠 때, 내 사람들이 드러납니다.

너니까 봐줄게

진실 되고 친밀한 관계는 상대방의 모습은 온전히 이해하고 그 모습 그대로를 사랑할 때 가능합니다. 내게 어떻게 해 주길 바라지 말고 항상 사랑스러운 시선으로 너를 바라봐 주는 것. 사랑은 너를 온전히 받아들이는 것입니다.

잘 생각해봐

어떤 사람이 자꾸 내 마음을 아프게 할 때, 내 진실의 의도와는 다르게 받아들이고 자신의 신념을 바꾸려 하지 않으며, 내게로부터 상처 받았다 생각하는, 그렇게 이해하기 어려운 사람들도 있습니다. 그런 경우에는 대부분 그 사람이 본질적으로 가진 내면의 열등감이나, 특정한 면에 대한 자격지심이 그 이유입니다. 그런 사람은 충분히 보듬어 주고, 안아주고 그렇게 최선을 다 해 보지만, 그래도 자신의 비합리적 신념을 바꾸지 않으려 한다면 그냥 내버려 두세요. 그런 경우에는 내 잘못이 아니라 그 사람의 깊은 심리적 문제입니다.

안타깝지만 그런 사람들은 넓은 인간관계를 가지기도 어렵고 가까운 소수의 사람들과도 자주 상처를 주고받을 것입니다. 다른 사람으로 인해 내가 아플 때, 내가 아파야할 일인지, 그 사람의 문제인지, 객관적으로 잘 생각해서 아파할 일이 아닌 일에는 아프지 마세요. 불필요한 감정의 소비는 내 스스로 조절해야 합니다.

나부터 잘하고

그 사람이 내 깊은 마음 몰라준다고 서운해 하기 전에, 그 사람이 차마 다 말하지 못한 그 마음을 내가 얼마나 알아주었는가를 먼저 생각하는 사람은 세상에 몇이나 될까요? 우리들은 대부분 자기초점에 머물러 있기에 상처를 받는 것입니다.

한 사람만 있어도

누군가 삶의 절망에 빠져 있다면 손을 내밀어 주세요. 삶이 온통 암흑이고 희망이 없을 때 누군가 단 한 사람이라도, 그 두려움에 따뜻한 손을 내밀어 준다면 그는 다시 일어날 수 있습니다. 자살이라는 강한 충동적 행동은 내 마음을 이해해 주는 사람이 단 한 사람도 없다고 느낄 때 일어나는 극단적 절망의 표현입니다. 대단한 위로가 필요한 것도 아닙니다. 그 두려움을 이해해 주고, 용기를 주며, 삶의 방향을 바꾸도록 조금만 도와주세요. 인정받지 못하는 사람은 불행합니다. 누군가 단 한 사람이라도 자신을 이해해 준다면 사람은 얼마든지 삶의 방향을 바꿀 수 있습니다.

자존감이 문제

마음의 그릇이 작으면 나만 힘든 게 아니라 주변 사람들 모두 힘들어집니다. 내가 기대하는 반응이 상대방에게서 오지 않는다고 마치 상대방이 잘못한 것처럼 생각하지 마세요. 자기만의 잣대로 사람을 이해하고 세상을 받아들이면 결국 자기만 작아집니다.

관계

누군가를 사랑한다면 그냥 사랑만 하세요. 이해하려고 하면 참 어려운 일입니다. 우리는 모두 서로 많이 다르기에, 내가 아닌 타인을 이해하는 것은 참 어렵습니다. 이해하려 하지 말고 그냥 사랑하세요.

사람들은 동굴 속을 들여다보지 않는다

우울한 사람에게는 많은 사람이 다가오지 않습니다. 내게 닥친 시련은 누구도 해결해 주지 못합니다. 시련도, 기쁨도 내가 선택한 것이므로 오로지 나만 해결할 수 있습니다. 누군가에게 의지하고 싶다면 우울함을 보여주어 연민을 유도하기 보다는, 솔직하게 힘든 심정을 토로하는 편이 좋습니다. 혼자 동굴 속에 갇혀있는 시간, 길지 않았으면 합니다.

단단한 바위 같은

사람의 빈틈이 보인다고 그 점을 공략해서 진심을 주는 척 하지 마세요. 당신이 인지하지 못하는 부분까지 상대방은 다 느끼고 이미 알고 있으니까요.

그 하나의 빈틈이 그 사람의 유일한 결핍이기에, 다른 무엇보다 더욱 단단하고, 철저하며 강해져 있답니다.

행운이 되어 내게로

베푸는 것에 인색하지 말아야 합니다. 계산 없이 진실한 마음으로 베풀면 내가 베푼 것의 몇 배로 세상이 내게 행운으로 돌려주니까요. 베푸는 것에 인색하고 계산적인 행동은 뒤에서 말이 나기 마련입니다. 모든 행동의 의도는 느껴지기 마련이니까요.

그 아이를 바라봐 주기

누구나 마음속엔 어린 아이가 있습니다. 그 어린 아이를 바라봐 준다면 서로 더욱 따뜻하게 사랑해 줄 수 있습니다. 내 안의 어린 아이도, 네 안의 어린 아이도.

존경받는 사람들

누군가의 이야기를 들어줄 때 내 입장에서 듣고 해석하지 말고 그 사람의 입장이 되어 느껴보세요. 공감해 줄 수 있는 사람은 타인에게 위로를 줄 수 있을 뿐만 아니라, 존경받게 되는 호의적이면서 유능한 능력을 갖게 될 것입니다.

확실해?

지금 내가 하고 있는 생각이 그 사람과의 관계에 도움이 되는 것인가요.

지금 이 생각으로 인해 내 기분은 어떻게 변하고 있나요. 이 생각은 뚜렷한 증거가 없이 막연하고 주관적인, 혼자만의 추측은 아닌가요. 우리는 이 소중한 삶의 순간순간에 불필요한 생각을 너무 많이 하며 살아갑니다. 내가 하고 있는 이 생각에 관하여 가끔씩은 스스로에게 질문하며 확인해 보는 시간이 필요합니다.

입이 아닌 존재의 가벼움

다른 사람의 아픈 이야기를 들으면 그냥 내 마음 한 편에 조심스럽게 그리고 무겁게 지그시 눌러 놓으세요. 남의 아픈 이야기는 그 어떤 장소에서도, 그 어떤 누구에게도, 그 사람이 아닌 다른 사람에게는 말하지 마세요. 그 사람이 당신에게 아픈 이야기를 했다면 당신을 완전히 믿고 있으며, 당신에게 마음을 열었다는 의미입니다. 그 사람이 자신의 이야기를 세상에 알려달라고 한 게 아닙니다.

당신 입의 무게가 무거우면 무거울수록 많은 사람들이 당신을 존경하게 될 것입니다. 그러나 당신이 다른 사람에 대한 말을 하길 좋아한다면 결국 가벼워지는 건 당신의 입이 아닌, 당신입니다

누가 선택한 방식인가?

내가 의식적으로 선택해서 맺은 관계로부터 발생한 모든 문제들의 원인은 내게 있습니다. 어떤 사람들은 남 탓을 하는 게 습관이 되어 있기도 하고,

타인을 깊이 이해하기 보다는 내게 행동한 것의 의미를 상처로만 받아들이며, 상대방을 이상한 사람으로 치부해 버리기도 합니다. 무척 쉽게 말이죠. 사랑하는 남녀의 관계에서도 어느 날 문득, 또는 서서히 찾아온 이별에서도 상대방에게 서운하거나, 상대방이 가진 문제에 관해 왜곡된 판단을 하기도 합니다.

물론 모든 일이 그렇다고 보기는 이 또한 판단이기에 여러 가능성을 남겨 놓아야 하지만, 시간이 지나서 내 마음이 자란 후에 돌이켜 보면 모든 관계는 내 선택이었습니다. 우리는 사람들로부터 받는 상처의 많은 경우가 잘못된 생각에 의해 생겨날 때가 많습니다. 타인의 행동을 살피기보다는 내 행동에 비판적 시선을 둘 필요가 있습니다. 상대방이 원하는 걸 한 게 아니라 내가 원하는 걸 했으면서, 나는 최선을 다 했다며 원인은 모두 상대방에게 있다고 치부하기도 합니다.

모든 일은 내 탓입니다. 내가 선택한 사람이고, 관계이기 때문입니다. 내가 선택한 관계에 대한 묵묵한 책임과 상대방을 배려하고 이해하는 관대한 사랑이 조금 더 자라나면 좋겠습니다.

결국 사랑

진심으로 내 편인 사람은 내가 어떤 생각을 하고, 어떤 행동을 해도, 무조건 나를 이해하고 내 편이 되어줄 것이며, 진심으로 내 편이 아닌 사람은 내가 하는 모든 생각과 모든 행동을 자신의 관점으로 해석하고 판단하게 될 것입니다. 그 기반은 결국 사랑이며, 진실이 아닌 마음은 오래가지 않아 드러날 수밖에 없습니다.

마음이 하는 일

사람은 모두 너무 다르고 중요시 여기는 부분이 다르기에, 내 관점으로 타인을 이해하고자 하면 끝없이 갈등이 생깁니다. 이해가 되지 않으면 서운함이 쌓이고 생각은 복잡해지기만 합니다. 이해하려고 애쓰지 말고 그냥 바라보세요. 그 사람은 그런 사람입니다. 있는 그대로의 모습을 그 사람으로 인정해 주고 바라봐 주는 것입니다. 이해는 생각의 틀에서 이루어지지만, 그대로 안아주고 바라봐 주는 것은 마음이 하는 일입니다. 당신에게 소중한 사람이라면 따지지도 말고, 묻지도 말고, 그냥 그 모습으로 인정해 주세요. 나도 다 모르는 나의 깊은 마음, 남의 복잡한 그 마음속을 내가 어찌 다 이해할 수 있을까요?

나의 행동이 세상에 미치는 영향

나의 행동은 환경을 바꾸고, 환경은 나의 행동을 지배하며, 나는 주변 사람들에게 영향을 미칩니다. 또한 내 옆의 사람들이 나의 환경을 만들고 환경은 사람들과 관계 맺도록 해 줍니다. 오늘 당신의 행동과 환경, 그리고 당신의 사람들은 서로 어떤 상호작용을 했을까요? 함께 존재하고 서로에게 영향을 미치며 함께 살아가는 삶입니다.

오만

부디 당신이 만나는 그 어떤 사람에게도 선입견은 갖지 마세요. 과거나 미래의 사람을 염두에 두지 말고 현재의 사람만 바라보세요. 누군가는 당신이 예측하지 못하는 많은 것들을 가지고 있고, 당신이 추측하는 많은 것들을 가지고 있지 않습니다.

나를 아는 것이 세상을 아는 것

나의 깊은 마음까지 온전히 이해하게 되면 타인을 이해하게 됩니다. 타인을 이해하게 되면 관계가 원만해지고 관계의 범위는 확장됩니다. 관계의 범위가 확장되면 내가 성장할 수 있는 기회가 늘어가며, 삶이 더 풍족해 집니다. 나 자신을 회피하지 않고 바라보고 올바로 아는 것이 가장 중요합니다.

너 자신을 알라

관계 속에서 나를 찾기 전에, 타인의 마음을 알려고 하기 전에, 내 마음이 무엇인지부터 관찰해 보세요. 나를 정확히 인지하는 것이 우선입니다.

혼재의 조화

해야 할 중요한 일들을 미루고, 기한 직전에 닥쳐서 급하게 하는 사람들이 있고, 미리 준비하고 오랫동안 꾸준히 해나가는 사람들이 있습니다. 전자의 사람들은 재미있는 것들을 즐기기를 좋아하는데, 발등에 불이 떨어졌을 시기가 되면 단기 집중력에서 대단한 능력을 보입니다. 이런 부류의 사람들은 일의 효율성은 뛰어나고, 융통성이 있으며, 즉흥적이고 창의력이 좋은 편입니다. 그러나 이런 사람들은 매사에 실수가 잦은 편입니다. 후자에 속하는 사람들은 책임감이 강하고 늘 노력하는 성향을 가지고 있습니다. 미리 준비하고 계획하지 않으면 불안하고 마음이 불편해서 견디기 힘들어 합니다. 긴 시간동안 일을 해야 하니, 집중력은 약한 편이고 창의력 또한 쉽지는 않습니다. 그러나 항상 철저하며 일의 완성도가 높고 웬만해선 실수가 없습니다.

인간은 너무 다양하지만 두 가지 유형 중에 하나에는 꼭 속하기 마련입니다. 한 팀으로 일을 할 때 같은 성향의 사람들끼리 모여 있다면 일의 성과는 좋지 않습니다. 일의 성과가 가장 좋고, 진행 중에도 가장 역동적인 팀은 두 가지 유형의 사람들이 혼재되어 있는 팀입니다. 전자의 사람들만 모여 있다면 갑자기 무슨 일을 저지를지 몰라서 몹시 위험하고, 후자의 사람들만 모여 있다면 속도가 늦고 답답하며 즐겁지가 않을 것입니다. 어느 타입이 좋고 나쁘다고 볼 수는 없지만, 양쪽 모두 좋은 점과 나쁜 점이 있기에, 가장 이상적인 집단은 두 가지 유형이 함께 공존하는 팀입니다.

사람의 무게

지키지 못할 것들과 행동하지 못할 것들을 입 밖으로 뱉어내지 마세요. 당신의 입이 아닌 당신이란 사람이 너무 가벼워집니다.

만만한 사람

내 기분과 감정에 따라 소중한 사람을 다르게 대하지 마세요. 늘 한 결 같이 당신을 대해주는 그 사람도 매일 매일 기분이 다르고 여러 감정을 느끼지만, 자신의 기분을 숨기고 당신에겐 똑같이 대하려고 노력하고 있답니다. 그 사람은 항상 기분이 좋아져 당신에게 한 결 같이 대해주는 게 아니랍니다. 나는 내 기분이 먼저인데 그 사람은 자기 기분보다 내 기분을 먼저 생각해주는 사람입니다.

그 사람은 뒤돌아 혼자 울었어도 내 앞에선 안 그런 척 그저 웃는 사람입니다. 안 그래도 고된 삶인데 당신에게 행복한 것만 주고 싶어서겠지요. 결국 후회는 그 사람이 아닌 당신의 몫입니다. 그 사람의 깊은 배려와 사랑을 느껴보세요. 그 마음을 알아차려 주세요. 당신은 정말 행복한 사람입니다.

시기와 질투가 문제

현대사회에서 집중할만한 중요한 인간의 감정 중 하나는 시기와 질투입니다. 사람들은 자신이 따라갈 수 없다고 여기거나, 비슷한 연령대가 아니거나, 직접적인 공감이 어려운 사람들에게는 시기와 질투를 느끼지 않습니다. 비교대상이 되지 않는다고 여기며 공유하는 요소가 없기 때문입니다. 그러나 비교대상이 되는 존재는 같은 연령대이거나, 함께 했던 동질적 연고가 있거나, 공유하는 기억과 쉽게 공감할 수 있는 요소를 가진 대상입니다. 그런 대상은 무의식적으로 자기 자신과 비교를 하게 되어 시기와 질투를 느끼게 됩니다.

일단 시기와 질투라는 감정이 생겨나면 그 감정은 어떤 수단을 통해서라도 상대방에게 전달됩니다. 이때 더욱 힘든 사람은 시기와 질투를 받는 사람이 아닌 그 감정을 깊숙이 느끼지만 인정하고 싶지 않은 사람입니다. 인간은 외모부터 모두 다르며 가진 능력과 성향과 환경도 다르기 마련입니다. 절대로 다 가진 사람이 없고, 다 못 가진 사람도 없습니다.

누군가와 비교하여 자기를 평가하는 것은 건강하지 못한 감정입니다. 보여 지는 것으로 판단하는 것은 왜곡된 것일 가능성이 크며, 그런 판단은 관계의 문제를 일으키기 때문입니다. 인간은 누구나 열등감을 가지고 살고 있지만 그 열등감 또한 개인마다 모두 다른 것을 바탕으로 하고 있습니다. 내가 가진 것과 타인이 가진 것에 대하여 있는 그대로 수용해야 합니다. 의식적으로든 무의식적으로든 누군가와 비교하는 순간부터 나의 자존감은 낮아지고 행복은 멀어집니다.

그랬구나

"그랬구나. 그래, 그래."

누군가 당신의 이야기를 항상 자애롭고 따뜻하게 들어준다면 당신은 용기를 가질 수 있습니다. 마음 놓고 말할 사람을 만들고, 또 누군가의 이야기를 그렇게 들어주세요. 사람을 통한 긍정적 경험만이 사람을 변화시킬 수 있습니다.

의미 없음

누군가 비합리적인 생각으로 두려워하고 불안해한다면 당신은 우선, 잘못된 그 생각에 관해 언급하지 말고, 그의 생각과 감정을 공감해 주어야 합니다. 서투르고 오만한 위로 따위는 아무도 바라지 않습니다.

외모 지상주의가 아닌 시각적 이미지의 중요성

여자든, 남자든 아름답게 자신을 꾸며야 합니다. 자신이 할 수 있는 만큼 그 범위 안에서 최선을 다해 관리 하세요. 시각적 이미지는 관계의 소통에서도 무척 큰 영향을 미치고, 무엇보다 중요한 자신감을 상승시켜 줍니다. 보이는 것과 보이지 않는 것은 대부분 연결되기 마련이며, 양가의 가치는 통합될 수 있습니다.

사람의 무게

인간은 누구나 타인의 언어와 행동을 자신의 관점과 시각으로 해석하고 판단합니다. 그러나 그 시각을 다시 언어로 표현할 때는 자신이 틀릴 수도 있다는 것을 반드시 한 번은 생각해 보고 표현해야 합니다. 말이 가벼운 사람은 그 가벼움이 자신의 무게로 돌아간다는 중요한 사실을 알아야 합니다. 정신의 성숙함은 자신에 대한 통찰과 타인에 대한 배려의 깊이에서부터 자라납니다.

향기를 남기는 사람

말을 적게 해서 후회한 적은 없지만, 말을 많이 해서 후회한 적은 많으시지요? 말은 조금해도, 대신 명료해야 하루의 끝에서 후회하지 않으며, 상대방은 헤어진 후에도 당신에게 더욱 호감을 가지게 됩니다. 당신의 흔적에 향기를 남기는 사람이 되세요.

더 큰 그릇

더 큰 사람이 품어주세요. 큰 그릇을 가진 사람은 참는 게 아니라 버텨주고 있는 그대로 이해해주는 것입니다. 그러니 작은 그릇이 호들갑 떨 때 큰 그릇은 제자리에서 의연합니다. "그깟, 지나가는 바람쯤이야"하고 그저 한 번 웃으며 맞아 주세요.

공감의 힘

누군가 내 마음을 정확히 읽어주면 사람은 눈물이 나기 마련입니다. 내 앞의 그 사람이 눈물을 흘리면 내가 그 마음을 만져주었다는 의미입니다. 흐르는 눈물을 지켜봐 주세요. 한 번은 꼭 제대로 울어야 합니다.

사람을 이해해야 하는 이유

사람들은 대부분 타인의 행동을 보고 그 사람을 판단합니다. 사람의 행동을 살펴보면 개인적으로 이해하기 어려운 것들을 종종 볼 수 있습니다. 그런데 타인의 행동만으로 그 사람을 판단하지 말고, 그 행동의 의도를 알아야 합니다. 무엇이든 보여 지고 드러나는 것보다 중요한 것은 그 이면에 내재되어 있는 의도입니다. 이것이 바로 통찰력입니다. 이는 타인의 행동을 보다 올바로 이해할 수 있을 뿐 아니라, 우리 자신이 왜곡된 판단으로 상처받는 경험을 훨씬 줄일 수 있습니다. 결국 나 자신을 위해서 타인을 이해하는 것입니다.

울타리

갑각류처럼 단단한 껍질을 두른 사람일수록 그 영혼의 속살은 더욱 부드럽기 마련입니다. 인간이 맺을 수 있는 모든 관계에서, 최상의 좋은 관계를 이루기 위해 가장 필요한 것은 적당한 높이의 울타리입니다. 그 높이에 따라 사랑이 되기도 하고, 집착이 되기도 하며, 교육이 되기도 하고, 사육이 되기도 합니다.

말이 전부

관계는 언어로 이루어집니다. 내 언어로 표현하되, 상대방에게 안전한 언어인지, 짧은 순간에 검열하는 과정이 필요합니다.

나를 위해 웃기

우리는 모두가 다른 사람입니다. 관계에서 지켜야 할 기준도 다르고, 관계에서 발생하는 자극에 반응하는 양상도 다릅니다. 내 기준에서 어긋난다 해도 그냥 넘기세요. 우리는 각자의 삶에서 가장 중요한 가치가 모두 다르고 살아가는 방식도 다릅니다. 비방하고 싶지만 다름을 받아들이고 튀어나오려 하는 말을 삼키세요. 욕하고 싶지만 나를 위해 웃음으로 바꾸세요. 내가 그 사람이 되어보지 못했으니, 그 사람이 하는 행동의 이유를 절대 알 수 없기 때문입니다. 인간의 모든 행동에는 반드시 이유가 있습니다.

물건이 아니라 마음

누군가 당신에게 선물을 주면 부담스럽다고 거절하지 말고 그냥 기쁘고 감사하게 받아 주세요. 주고받는 관계가 번거롭다기보다는 따뜻한 세상의 원천이 아닐까요. 선물은 물건이 아니라 주는 사람의 마음이고, 선물을 받아주는 건 그 마음을 받아주는 의미입니다. 적당한 선물은 따뜻한 소통의 도구입니다.

무관심은 죄

익숙함은 편안함을 주고 동시에 무관심을 정당화시킵니다. 익숙할수록, 편안할수록, 더 살펴봐 주고 더 아껴 주세요.

환경이 만드는 분노

깨달음은 우연함에서 발견할 수 있습니다. 유아시절부터 성인이 될 때 까지 단 한 번도 인정받지 못하고, 사랑받지 못한 사람들은 세상에 대한 분노로 가득합니다. 누군가 한 사람이라도 그들에게 따뜻한 보살핌과 인정을 주었다면, 그들은 지금 자유가 없는 창살 안에 갇혀 있지는 않았을지도 모릅니다. 사람은 자신이 경험한 것이 세상의 전부이기 때문입니다.

인간은 누구나 사랑을 필요로 하며 따뜻한 온정을 필요로 합니다. 우연한 당신의 작은 배려와 인정이 그들에게 삶을 변화시킬 수 있는 큰 깨달음을 줄 수도 있습니다. 가정에서조차 보살핌을 받지 못하는 많은 아픈 아이들에게, 너도 사랑받을 자격이 있는 존재라는 걸 깨달을 수 있도록 해줘야 합니다. 세상엔 아픈 아이들이 너무 많습니다. 그들을 부정적인 시선으로 보지 않고 그들을 위해 우연한 사랑을 베풀 수 있는 보다 따뜻하고 성숙한 세상이 되어야 합니다.

대접받는 자

자신의 행복이 가장 중요하다는 것은 누구나 잘 알고 있습니다. 그런데 스스로를 잘 대접해 주고 있나요? 누군가가 당신에게 대접해 주길 바라지 마세요. 스스로를 대접해는 사람은 타인에게도 대접 받으며 삽니다.

그 이유를 알면

인간의 모든 행동에는 반드시 그 이유가 존재합니다. 특정한 그 행동을 하도록 이끄는 근원을 파악한다면 세상에 이해하지 못할 사람은 한 사람도 없습니다. 인간에 대한 거시적인 관점에서의 이해, 그리고 사람에 대한 섬세한 통찰은 보다 많은 사람들과 소통하고 그들을 이해하며 더 좋은 관계를 형성하도록 도와줍니다. 그 사람은 왜 이해되지 않는 행동을 할까요?

더듬어 보기

다양한 사람들끼리, 불완전한 인간들 끼리, 끊임없이 상처를 주고받습니다. 그러나 받은 상처만 기억하지 말아야 합니다. 무심히 던진 말 한마디가 그 사람에겐 치명적인 상처가 되었던 적이 누구나 분명히 있을 테니까요. 다만 내가 모르고 있을 뿐입니다.

너무 쉬운 이별

모든 사람들이 나와는 다릅니다. 모두가 자신만의 규칙들을 가지고 살아갑니다. 우리는 나와 다른 규칙을 가진 사람이라서, 그 사람의 행동을 이해하기 어려우니 관계를 끊고 싶어 할 때가 가끔 있습니다. 나와 다른 그 사람의 성격을 이해하기 어렵다는 이유로 관계를 끊어버린다는 것은 너무 극단적인 행동입니다. 조금만 더 시간을 두고, 관계의 거리를 두고 잠시 지내보면 어떨까요. 명확히 관계를 정리하려고 하면 오랜 시간이 지나기도 전에 후회가 따라오기 쉽습니다.

'내가 조금만 참을걸. 그랬지. 내가 조금만 마음을 넓게 가졌으면 좋았을 텐데...'

긴 시간이 지나기도 전에 후회하게 됩니다. 그 이유는 시간이 지나면서 내 감정이 완화되고 그 사람의 좋았던 점들이 더 많이 생각나기 때문입니다. 관계가 지치고 힘들 때는 잠시 거리를 두고 지내보세요. 그렇게 바라보는 그 사람은 조금 달라 보일 수 있으며, 내 자신도 바라볼 수 있습니다. 시간은 모든 일을 완화시키고 내 마음을 부드럽게 녹여 줍니다.

외로워서 사람을

외로워서 사람을 만나면 더 실망하게 됩니다. 해결의 답은 나 자신에게 있습니다. 슬프고 외로울 때는 혼자 있고, 기쁘고 행복할 때 누군가를 만나세요. 함께 행복할 수 있을 때는 내가 행복할 준비가 되어 있을 때이고, 외로울 때는 누구를 만나도 외로울 수밖에 없습니다. 답은 언제나 나에게 있습니다.

공감과 이해는 다른 것

공감이란 타인의 삶 속으로 온전히 침입하여 그 사람이 되는 것(be)을 의미합니다. 타인을 이해하는 것과 공감하는 것은 완전히 다른 개념입니다. 누군가 마음에 상처를 안고 힘들어 할 때 그 슬픔을 이해하고 위로해 주는 것과 온전히 그 사람이 되어 슬픔을 느끼는 것은 다른 경험이기 때문입니다. 공감과 이해의 차이를 알아야 합니다.

온전한 이해

사람과 사람이 진실하게 가까워질 수 있는 조건은 시간의 흐름이 아니라, 서로를 얼마나 이해하느냐의 문제입니다.

움직이는 사람들, 변하는 세상

중요한 것은 새로운 것을 창조하는 일이 아니라, 세상을 살아가는 사람들의 모습을 이해하는 일입니다. 새로운 지식을 얻을 수 있는 방법은 세상에 대한, 그리고 인간에 대한 이해로부터 출발하기 때문입니다.

아름다운 거리

너와 나의 거리는 아름답습니다. 신중한 태도는 설렘을 자라나게 하고 신비로운 것들은 몰입을 유도합니다. 이것이 관계의 미학입니다.

내가 생각하지 못하는 것들

사람은 다른 사람과의 관계에서 매 순간 무의식적으로 얼마큼의 내가 바라는 기대의 틀을 가지고 있습니다. 그런데 그 기대만큼의 반응이 오지 않으면 내 기준에 미흡하기에 바로 서운한 마음이 들고 실망해 버립니다. 사실은 그런 현상이 무척 비합리적인 것입니다. 상대방의 반응이 내가 기대했던 것과 다를 때는 분명 다른 타당한 이유가 있거나, 아니면 내가 내 틀 안에서 판단하느라 이면의 것을 미처 바라보지 못했기 때문입니다. 또는 내가 생각하는 관계와 상대방이 생각하는 관계가 전혀 다른 색을 가지고 있을지도 모르는 일입니다.

그렇다고 해도 실망할 필요는 없습니다. 상대방이 이기적이고 나쁜 것 같지만 곰곰이 잘 생각해보면 반대의 입장에서 나 또한 다른 사람들에게 무척 이기적이고 나쁠 때가 있기 때문입니다. 이러한 비합리적 사고와 그에 따르는 판단은 대부분의 많은 사람들이 가지고 있는 인지적 오류입니다. 그러므로 상대방의 반응에 너무 예민하지 마세요. 나의 자존감이 높아지면 타인의 미약한 반응도 이해할 수 있고, 보여 지는 것만으로 상처받지 않으며, 그 이면의 진실한 의미를 알게 되는 시간까지 기다려줄 수 있는 여유도 생겨납니다.

진실한 열정이란

누군가와 아주 짧은 순간만 함께 하더라도, 그게 무엇이든 작지만 소중한 것을 포착해서 가슴에 안고 돌아올 수 있는 건, 삶에 대한 자신의 열정과 태도에 달려있습니다. 배울 점이 없는 사람은 한 사람도 없습니다.

신뢰의 조건

실제 행동으로 할 수 있는 말이 아니라면 그저 상대방 기분을 좋게 하기 위한 듣기 좋은 말은 하지 마세요. 언어와 행동이 일치하는 사람은 그리 많지 않습니다. 타인에게 신뢰를 주는 사람은 듣기 좋은 말을 건네는 사람이 아니라, 뱉은 말을 꼭 행동으로 보여주는 사람입니다. 어떤 관계에서든 책임질 수 없는 말은 입으로 뱉어내지 말아야 합니다. 그 사소한 약속이 언젠가는 당신의 신뢰를 무너뜨릴 수도 있기 때문입니다.

답답한 사람들

사람들은 모두 다른 사람들이 자신을 알아주길 바랍니다. 그런데 사람들을 살펴보면 두 가지 유형이 있습니다. 타인을 위한 노력을 하지 않고 자신을 챙겨주지 않는 걸 서운해 하는 사람들이 있고, 항상 많이 노력하며 나보다 타인을 높여주고 챙겨주며 또 나도 알아주길 바라는 사람들도 있습니다. 답답한 경우는 물론 전자의 유형입니다.

어떤 관계에서도 내가 먼저 노력하고 내가 먼저 베풀어야 한다것을 모르는 경우이지요. 나를 알아주길 바란다면, 내가 우선 오랜 시간 동안 변함없는 모습으로 타인을 배려하고 높여주어야 합니다. 그러한 노력이 지속된다면 어느 날 기대하는 수준보다 더 높은 곳에 올라가 있는 자신을 발견하게 될 것입니다.

남을 돕는 일

남을 보살피는 일을 하면 스트레스 수치가 높지 않다는 연구 결과가 있습니다. 누군가를 보살피고 도움을 주면, 내 사랑을 받아 행복해지는 상대를 보며 자기 성취감과 만족감이 크기 때문입니다. 남을 돕는 일은 결국, 자신을 위한 일을 하는 것입니다. 봉사라는 일도 남을 돕기 위한 것이지만, 그 이면에는 자기연민이나 자기만족의 의미가 숨겨져 있습니다. 중요한 것은 함께 한다는 것이며, 연결되어 있다는 것입니다. 우리는 함께 있을 때 보다 행복해질 수 있습니다.

꽃이 아름다운 이유

꽃이 아름다운 이유는 꽃을 주는 사람의 마음 때문입니다. 꽃을 주는 사람의 마음은 그 어떤 순간보다 순수하고 설렙니다.

관계

인간의 행복을 위한 요건 몇 가지 중에는 관계라는 것이 있습니다. 내 마음을 표현하고 네 마음을 이해하는 진실한 관계는 마음의 통증마저 완화시켜 줍니다.

자신을 용서하는 법

우리는 누군가에게 미안한 일을 행하기도 하며 살아갑니다. 그리고 다른 누군가도 나에게 미안한 일을 합니다. 우리는 누군가에게 고마운 일을 해주고 또 누군가는 우리에게 고마운 일을 베풀어줍니다. 우리는 끊임없이 관계를 통한 상호작용을 합니다. 미안한 일은 그만 잊어버리고 그만큼 또 다른 사람에게 고마운 일을 베풀어 주세요. 꼭 그 대상이 아니더라도 좋은 일입니다.

우리는 그저 나약하고 불완전한 인간들이기에 상처를 주기도하고 받기도합니다. 지나간 모든 것들을 과거의 시간으로 흘려보내는 것이 미안한 대상에게도, 미안해하는 나에게도 더 좋은 일입니다. 흘러간 것은 이제 그만 마음에서도 떠나보내세요. 우리는 나로 향해 새로 흐르는 것들에 더욱 충실하고 실수했던 만큼 깨닫고 변해서 더 좋은 사람이 될 수 있습니다. 가장 중요한 건 지금 이 순간을 사는 것입니다.

아기의 마음

사람들은 작은 일에도 마음이 위축되면 온 마음을 웅크리고 소통의 문을 닫아 버립니다. 그리고 누군가의 따뜻한 사랑을 무의식 속에서 기다립니다. 누군가 다정하게 손을 내밀어주면 그 문을 빼끔히 열고 사랑받기를 기다립니다. 그런데 나만 외롭고, 나만 사랑을 필요로 하지는 않습니다. 문을 두드린 사람도, 따뜻한 손을 내밀어 준 사람도, 똑같이 나처럼 외롭고, 나처럼 사랑을 필요로 합니다. 나에게만 초점을 두지 마십시오. 사람은 나이가 적으나 많으나 똑같이 평생 동안 그저 한 사람의 아기에 불과하니까요.

받는 것도 상대를 위한 배려다

누군가 나에게 칭찬을 해주면 기뻐하며 고맙다고 하세요. 아니라고, 나는 그렇지 않다고 부정하며 그걸 겸손이라 여기지 마세요. 그런 행동은 겸손이 아니라, 자신에게 긍정적 가치를 주는 일을 거부하거나 어색해하는 것입니다. 누군가 선물을 주면 기뻐하며 받고, 누군가 맛있는 음식을 사주면 맛있게 먹고, 누군가 나를 칭찬해주면 감사히 여기며 그 칭찬에 힘을 얻어 더 노력하면 됩니다.

칭찬도 들을 줄 알아야 하고, 베푸는 마음을 받을 줄 알아야 하며, 나도 그 사람에게 고마운 마음을 어떤 방법으로든 돌려주면 됩니다. 내가 다른 사람에게 주고 베푸는 것도 중요하지만, 누군가의 베풂을 기쁘게 받을 줄 아는 것도 상대와 나 자신에 대한 예의이고 도리입니다. 내 마음을 타인이 알아주길 바라는 것처럼 타인도 내가 그 마음을 알아주길 바랍니다. 내가 원하는 것은 다른 사람들도 똑같이 원하고 있다는 걸 꼭 기억하세요.

타인을 칭찬하는 사람

항상 겸손한 태도로 타인의 장점을 실제보다 더 높여주는 사람은 자기 자신에 대해서도 긍정적인 가치를 부여하고 있는 사람입니다. 타인에게 칭찬을 잘 말하지 않고 부정적 시선으로 바라보는 사람은 자신에 있어서도 부정적이며 열등감이 높은 사람입니다. 자존감이 높은 사람은 서열에 상관없이 항상 겸손한 태도를 보이고, 타인을 높일 줄 알며 타인의 장점을 칭찬하는 데 인색하지 않습니다. 그런 태도가 곧, 인격의 깊이이며 품위이자 교양입니다.

기억의 내러티브

고통스러운 기억이 바래고 회색빛이 되는 날, 그날이 오면 당신의 이야기를 들려 주십시오. 우리는 함께일 때, 성장할 수 있습니다.

들어주기의 의미

사람들은 모두 사연을 가지고 살아갑니다. 삶의 경험을 통한 자신만의 이야기들이 있습니다. 그 진실한 이야기들은 SNS를 통해서는 다 풀어낼 수 없습니다. 지금 이 순간에도 세상에는 외롭고 아프고 고통을 당하고 있는 사람들이 넘쳐납니다. 누군가에게 손을 내밀지도 못하고 혼자서 고통을 당하다 자살을 시도하는 심각한 우울증에 힘들어 하기도 합니다.

우리 모두에게는 나의 이야기를 하고 진심으로 이해받을 수 있는 심리적 공간이 필요합니다. 당신이 어떤 일을 하는 사람이든, 그 일이 타인에게 도움을 주고 더 나은 세상을 위한 일에 항상 함께 하기를 바랍니다. 그 과정에서 당신이 배우고 얻는 것이 더 많을 것입니다. 지금 당신의 삶이 고통스럽다면 자신에게로 향한 초점을 나보다 더 힘든 누군가에게로 돌려보는 것도 무척 좋은 방법입니다. 남을 돕는 일의 경험을 통해 어느새 회복되어 있는 자신을 발견할 수 있을 것입니다.

"If you hear the stories of other people, You can be happier."

생색내지 못할 자비

힘들어하는 누군가에게 대가를 바라지 않는 자비를 베풀어 본 적이 있나요? 가만히 돌이켜보면, 그런 마음과 태도는 결국 나 자신을 행복하게 해줍니다. 그러니 누군가에게 베푼 친절과 자비에 대가를 바라지도 말고, 우쭐하지도 말고, 생색내지도 마세요. 결국, 내가 돕고자했던 상대방의 행복보다 더 커지는 것은 나의 행복이니까요.

상호작용의 원리

우리는 모두 다른 인생을 살아갑니다. 내 고통은 누구도 이해해주지 못하고 사람들의 고통도 나는 다 이해하지 못합니다. 사람들은 모두 '왜 나만 이렇게 힘든가, 왜 내가 항상 제일 안 풀리나'라고 생각합니다. 내가 남들보다 가지지 못한 것을 위해서는 남들보다 몇 배로 뛰어야 하며, 남들보다 더 가진 것은 잃지 않기 위해 노력해야 합니다.

그 과정에서 중요한 것은 자신의 삶에 최선을 다하면서 동시에 사회의 약자들을 도울 줄 아는 마음을 가지고 행동하는 것입니다. 나누지 않고 베풀지 않는 삶은 무의미하며, 그 삶은 존경받지 못합니다. 구석구석 그 속까지 알고 나면 '나만한 사람도 없구나'로 바뀔 것입니다. 베푼 만큼 나에게 좋은 것들이 돌아오기 마련이고, 받은 만큼 반드시 돌려줘야 하는 것이 관계입니다. 일방적인 관계는 반드시 시들어 버립니다.

역할

만남은 신이 주관하시고 관계는 우리가 만듭니다. 그러니 타고난 운명타령은 그만하면 좋겠습니다. 운도 준비가 된 자에게 오는 법이며, 관계의 양상과 그 역할은 결국 내가 선택한 것입니다.

관계의 법칙

사람에게 상처받고 사람에게 치유 받습니다. 나는 너에게, 너는 나에게, 차갑게, 때로는 따뜻하게, 우리는 그렇게 살아갑니다. 그러니 지금의 아픔이 전부가 아닙니다.

아름다운 거리

너무 애쓰지 말아요. 깊게 고민하지도 말아요. 흐르는 물처럼 사유하세요. 너와 나의 간극에서 피어나는 아련한 울림, 그 울림을 감각으로 느껴보세요.

듣기와 말하기

말을 뱉어내고 후회하는 일은 빈번하게 있기 마련입니다. 상대방이 듣기 원하는 타이밍에 말을 해야 하는데, 우리는 대부분 내 말을 먼저하고 싶어 합니다. 말을 하는 것보다 듣는 것이 더 중요합니다. 경청은 상대에 대한 배려임과 동시에 나의 인격을 높여주는 행동입니다. 충분한 경청 뒤에 타이밍을 잘 맞추어 내 이야기를 해야 합니다. 무엇이든 타이밍이 중요합니다.

마음을 보여줘

표현하지 않는 마음을 어찌 다 알겠습니까. 마음은 오고 가는 것이지, 오기만 하거나, 가기만 하면 관계는 형성되지 않습니다. 마음의 표현은 분명히 하고 사세요. 아니면 알아주길 바라지 말고 서운해 하지도 마세요.

열등감

관계에서 어려움의 요인에는 열등감이 자리합니다. 열등감이 없는 사람은 한 사람도 없습니다. 무엇에 대한 열등감인 가는 개인마다 다르지만, 누구나 깊은 무의식의 자리에 열등감이 언제나 강력한 운동을 하고 있습니다. 그 열등감은 꽤 자주 꾸물꾸물 스스로 수면위로 떠올라, 우리들의 언어와 행동을 조정하곤 합니다. 그런데 자신이 인정하기 어려운 그 열등감을 남들은 잘도 보고, 쉽게도 알아차립니다. 그렇다면 내 열등감은 잘 느끼지 못해도 타인의 열등감을 알아차리기는 무척 쉬우니, 그 열등감에서 비롯된 언어와 행동을 보다 넓은 마음으로 이해해주면 어떨까요? 타인의 열등감도 느긋하게 바라봐 주세요. 그리고 이해하고 안아주세요.

"아, 그래서 네가 그랬구나!"

자존심

관계가 가진 어려움의 원인은 무엇일까요. 가만히 내면을 들여다보면 결국 자존심이 문제입니다. 자존심이 큰 사람은 상대를 누르고 올라가지 않습니다. 성숙한 사람은 상대를 올려준 후에 묵묵히 살아갑니다. 세상은 그런 사람을 높여주기에, 어느 날 더 높아진 나를 발견할 수 있습니다. 자존심은 이기는 것이 아니라 상대의 불완전함을 품어주는 능력입니다.

내면아이

사람은 누구나 아기 같은 존재입니다. 어린 아이와 똑같은 마음을 가지고 있습니다. 아기가 원하는 것들을 우리도 원하고, 아기에게 해주면 좋아하는 것들을 우리도 누군가가 해주면 좋아합니다. 그래서 우리는 때로는 아기처럼 굴어야 하고, 상대방을 아기처럼 대해주기도 해야 합니다. 관계에서 어려움을 가지고 있다면 이 관점을 활용해 보세요. 분명 그 사람 마음이 부드럽게 녹아내릴 것입니다.

듣는 기술이 먼저다

말하는 기술보다 듣는 기술이 더욱 중요합니다. 우리들은 아이들에게 말하는 기술은 돈을 주고도 가르치지만, 타인의 말에 경청하는 것은 가르치지 않는 경향이 있습니다. 잘 듣는 기술과 그 태도는 성공적인 소통을 위한 가장 중요한 방법입니다.

나를 위해 이해하기

타인의 마음을 이해할 수 있는 통찰력이 생기면 결국 내가 편해집니다. 타인을 이해할 수 있는 범위가 넓어지면 내가 상처를 덜 받기 때문입니다. 세상의 모든 일이 나의 선택이며, 궁극적으로는 나를 위한 것입니다.

때로는 뒤로 물러나야 하는 이유

마음은 가득하지만 때로는 침묵이 당신에게 도움이 될 것 같아서, 난 그저 가만히 있기도 합니다. 가끔은 거리가 필요하기 때문입니다. 아름다운 형상으로 간직하고 싶을 때는 그게 최선의 방법이니까요.

나만 손해

누군가를 아직도 원망하고 있다면 이제 그만 강물에 던져 버리세요. 그 사람도 원망하는 마음도 같이 버리세요. 누군가를 오래 미워하는 마음은 나의 행복에 방해만 되고, 그 사람은 불행해 지지 않습니다. 끝나버린 인연에 이제 그만 미련을 두지 마세요. 지나간 기억에 머물며 우울해 하는 일은 나에게 아무런 도움이 되지 않습니다. 한마디로, 나만 손해 봅니다.

가장 좋은 회복의 방법

서운함이 쌓여가기 전에 진실을 말하세요. 마음보다 더 큰 생각이 나를 지배할 때 지나친 배려나 오해가 생기기 마련입니다. 상처받지 않을 일에 혼자 상처를 받기도 하고 내가 먼저 잘못된 판단을 하기도 합니다. 관계에서 가장 지혜로운 행동은 진실을 말하는 것 입니다. 그러면 자신도, 상대방도 전보다 훨씬 편안해질 것입니다.

외로움도 선택한 것

나는 당신으로 가득하고, 당신도 나로 가득한데, 마음만 가득하군요. 그게 전부입니다. 우리는 서로가 아닌, 외로움을 선택했습니다. 그래서 우리는 외롭습니다.

관심 없어요

우리는 타인의 시선을 많이 의식하고 내 관점으로 미리 타인의 생각을 감지하곤 하지만, 사실 다른 사람들은 나에게 별 관심이 없습니다. 내가 추측하는 것만큼 나에 대해 별로 신경 쓰지 않는다는 것이죠. 타인을 너무 의식하고 살 필요가 없습니다. 나에게 집중하는 사람은 오직 나 자신 뿐입니다.

세상에서 가장 어려운 일

아이들이 어릴 때 부모님들은 “해야 한다. 하면 안 된다”라는 이야기를 자주하게 됩니다. 그 내용이나 강도는 사람마다 다르지만 되도록 그런 말은 하지 말아 주세요. “어떤 사람이 되어야 한다. 그러면 안 된다. ~하면 ~할 것이다”라는 말들은 아이들에게 비합리적 신념을 가지게 하고, 성인이 된 후에도 그러한 신념으로 항상 의무감에 눌리고, 스스로의 틀 안에서 쉽지 않은 삶의 과정을 거치게 됩니다.

성격은 어린 시절 부모로부터 형성되며, 어린 시절에 형성되는 성격은 평생 동안 그 아이가 삶을 바라보는 관점의 틀이 됩니다. 특히, 아버지는 아이의 정서에 영향을 주며, 어머니는 생활의 습관과 태도에 영향을 줍니다.

세상을 넓게 인지하고 큰 그림을 볼 수 있는 아이로 키우고 싶다면 “무엇을 하고 싶니? 네가 원하는 것은 뭘까? 네가 선택해보자. 네 기분은 어떠니? 네 눈에는 어떻게 보이니? 그렇게 하니 어떤 결과가 나왔니? 그래서 무엇을 느꼈니? 너는 어떻게 생각하니?” 등의 질문을 많이 하고 스스로 생각하게 만드는 이야기를 많이 해 주어야 합니다.

이는 현실에서는 무척 어려운 일이지만 한 사람의 인생에 부모가 미치는 영향이 얼마나 무서울 만큼 거대한지 모릅니다. 부모의 역할은 세상에서 가장 어려운 역할입니다.

교육이란 한 아이의 동굴 속을 들여다 봐 주는 것

교육이란 개인이 가진 강점과 개성을 존중해 주는 것일 뿐 아니라, 개인의 아픔과 심리적 문제와 장애까지 살펴보고 보듬어 주는 것입니다. 그늘에 가려져 있는 아이들, 동굴 속에 홀로 숨어있는 아이들, 누구에게도 인정받지 못했던 아이들을 교육자는 모두 다 살필 수 있어야 하며, 개인에게 절실히 필요한 것을 알아차리고 나누어 줄 수 있어야 합니다.

교육은 곧 사랑이며, 모든 아이들에게 각자에 맞는 날개를 만드는 과정을 지켜봐 주고, 스스로 날 수 있는 법을 가르쳐 주는 일입니다. 교육자들은 사회의 어느 분야에 있는 사람들보다도 정의의 실현 그리고 사랑의 실천을 잊지 말아야 합니다. 한 아이의 그늘을 이해해 주지 못하고, 한 아이의 동굴을 들여다보지 못한다면 대한민국의 발전은 없을 것입니다.

아는 만큼 달라지기

자기 자신을 객관적으로 보지 못하면서 다른 사람들의 생각을 수용하지도 않고, 자기주장과 신념을 고집하고 사는 사람들은 타인이 자기에게 주는 상처만 느끼지, 내가 타인에게 주는 상처는 느끼지 못합니다. 보는 만큼 달라지고, 듣는 만큼 변화하며, 경험하는 모든 것들이 성장의 도구가 되길 바랍니다.

책임

무엇을 하고 무엇을 가지든, 그것과 관계를 맺고 상호작용을 하기 위해서는 그것에 대한 책임이 따르기 마련입니다. 아무런 전제조건 없이 얻거나 가질 수 있는 것은 아무것도 없습니다.

느낌

무의식은 무의식을 알아보기 마련이죠. 우리는 그렇게 서로를 향해 전류가 흐르고 있습니다.

신뢰를 주는 것은 나를 사랑하는 일

신뢰는 뱉어낸 말에 책임을 지는 행동으로 나타낼 수 있습니다. 하든 안 하든 그 타당한 이유를 설명해 주고 보여주는 것입니다. 조용히 침묵으로 대응하는 방법은 신뢰를 줄 수 없습니다. 타인과 소통하는 올바른 방식은 자신의 존귀함을 지키며 행동하는 것입니다. 자신의 신뢰감을 위해 행동하는 것이 결국, 나를 사랑하는 것입니다.

사랑한다면 그 사람이 나로 인해 더 행복해져야 하는데,
나 때문에 힘들어 하기도 합니다.
무엇이 문제일까요?

영혼의 위탁

가끔 진한 사랑이야기가 궁금해집니다. 일에만 집중하고, 긴장감으로 매일 매일을 살다보니 내 심장은 자꾸만 굳어져 가는 것 같아 두려울 때도 있습니다. 나의 삶이 자꾸만 척박해지는 것 같아, 어느 순간에는 갑자기 '이렇게 살아도 되나?'라는 생각이 들어 심장이 철렁할 때도 있습니다. 그런 날엔 억눌린 내 눈물을 다 쏟아낼 만큼 진하고 아픈 사랑이야기를 다룬 영화를 봅니다. 현실 속의 무거운 두 다리가 깃털처럼 가벼운 날개로 변해 하늘을 나는 시간입니다. 영화 속 그녀의 사랑이 온전히 내 것이 되는 순간이니까요.

우리들은 모두 사랑을 원합니다. 인간이 하는 이성에 대한 사랑은 나이를 불문하고 살아있는 동안 지워낼 수 없는 본질적 욕구입니다. 사랑에는 이제 관심이 없다고 말하는 당신의 무의식은 변함없이 사랑을 갈구하고 있습니다. 거부할 수 없는 이끌림이며 간절한 본능입니다. 인간의 영혼을 송두리째 위탁할 수 있는 건 오직 사랑입니다. 설레는 사랑의 시작에도, 세상이 다 끝난 듯 고통스러운 이별의 아픔에도, 온 영혼을 다 내어줍니다. 사랑은 그토록 우리들에게 위대하고 중요한 의미와 가치를 지닙니다.

사랑은 온 마음으로 하는 것인 만큼 감정으로 점철된 큰 불덩이 같습니다. 그토록 아름다운 인간의 사랑, 그 과정과 흔적마저 좀 더 아름답게 남길 수는 없을까요? 안타까운 사랑의 이야기들이 넘쳐납니다. 사랑에 대한 고민으로 찾아오는 분들이 있습니다. 그런데 많은 사람들이 사랑도 자기의 방식대로 가꾸어 갑니다. 내가 사랑하는 그 사람이 원하고 바라는 방식이 아니라, 내가 하고 싶어 내가 선택한 방식으로 말입니다. 사랑한다면 그 사람이 나로 인해 더 행복해져야 하는데, 나 때문에 힘들어 하기도 합니다. 무엇이 문제일까요?

사랑했던 그 사람이 어느 날 갑자기 이별을 통보하면 나는 배신감에 사랑이 증오로 바뀌기도 합니다. '내가 너에게 어떻게 했는데, 내가 너를 얼마나 사랑했는데, 네가 나에게 어떻게 이럴 수 있지?'라는 생각에 혼자서 분노하고 혼자만 아파합니다.

사랑은 이토록 이기적이고 자기초점에 근거를 두고 있습니다. 내가 가진 사랑에 대한 신념과 내가 선택한 사랑의 방식이 항상 옳은 것은 아닙니다. 내가 사랑해주면 그 사람은 행복해야 한다는 것도 모순이고 착각입니다. 사랑도 건강하게 해야 하는 이유입니다. 집착의 수준이 지나친 것은 사랑이 아니라, 내가 가진 불안이 근거입니다. 내 불안으로 인한 집착은 어떤 상대를 만나도 반복적으로 되풀이 되며 결국 상처는 나의 것이 됩니다.

사랑은 그 사람이 보다 높게, 보다 멀리 날아오를 수 있도록 그 날개에 힘을 실어주는 일입니다. 그 날개를 접어 내 품에 품는 것이 아닙니다. 사랑은 소유가 아니며, 구속은 더더욱 아니기 때문입니다. 세상에 내 것인 것은 나 자신밖에 없습니다. 이 중요한 명제를 기억해야 합니다. 건강한 사랑은 오래 지속됩니다. 그리고 그 사랑의 모든 기억은 아름답기만 합니다. 사랑이 고통으로 변하기 전에 사랑하는 방식에 대하여 점검해 볼 필요가 있습니다. 부디 당신이 건강하고 아름다운 사랑에 성공하길 바랍니다.

사랑타령

나는 너로 인해 더욱 빛나고, 너는 나로 인해 더욱 돋보이는 것을, 나는 사랑이라고 말하고 싶습니다.

슬픔을 타고 오는 것이 사랑이다

사랑은 소리도 내지 않고 찾아옵니다. 그리고 소리 없이 날아가 버리기도 합니다. 마음이 달려가고 심장은 뛰지만 언제나 슬픔도 동행하는 것이 사랑입니다.

기계 멈춤

사랑은 의식으로 할 수 없는 것입니다. 의식이 작동하기 시작하면 그 사랑은 곧 끝나버립니다. 그저 사랑은, 사랑 그 자체입니다.

사랑은 어려운 이유

사랑에 빠지는 일은 단 몇 분 만에 이루어지기도 합니다. 사랑에 빠지는 일은 그렇게 생각보다 쉽게 이루어지기도 합니다. 정말 어려운 일은 사랑을 유지하는 것입니다. 스스로 선택한 그 사랑이 나의 예측과는 다르게 움직이고 내가 기대하던 로맨스는 쉽게 사라지기도 합니다.

중요한 것은 사랑에 빠졌을 때 '사랑을 어떻게 유지할 것인가. 관계를 어떻게 발전시킬 것인가'라는 문제를 좀 더 신중하게 고민할 필요가 있습니다. 사랑은 선택이고 그 사랑을 유지하는 것도 선택입니다. 사랑은 분명 위대한 것이지만 당신이 그것에서 선택한 그 가치대로 형성될 것입니다. 관계를 유지하고 발전시키는 그 아름다운 일의 모든 과정에 대하여, 보다 신중히 잘 선택하기를 바랍니다.

착각

사랑하는 사람이 내 것이라고 착각하는 그 순간부터 서로에게 닥쳐올 상처가 시작됩니다.

향기를 남기는 사람

건강한 이별을 하는 사람이 성숙한 사람입니다. 아픈 가슴 움켜쥐고 있지만 그 사람의 행복을 진심으로 빌어주며, 그 사람을 마음 편하게 보내주어야 진심으로 사랑했다는 증거입니다. 사랑은 구속도 아니고, 애원도 아니며, 소유는 더더욱 아닙니다. 사랑하는 사람은 처음부터 내 것이 아닙니다. 그 사람은 그 사람 자신만이 소유할 수 있습니다. 성숙하고 아름다운 이별은 그 사람에게 나의 향기를 남기게 됩니다.

사랑의 정의

사랑이라는 이름으로 그 사람을 힘들게 하고 있지는 않은지, 사랑하는 사람이 원하는 방식이 아닌, 자신이 원하는 방식으로 사랑해 놓고, "나는 너를 죽도록 사랑했는데, 네가 나에게 어떻게 이럴 수 있느냐?"라고 하며 억울해 하는 것은 아닌지, 자신이 좋아서 선택한 일방적인 방법으로 사랑해 놓고, 그 사람을 나쁜 사람으로 몰고 가고 있지는 않은지 살펴보아야 합니다. 그 사람이 나를 바라보게 만드는 것이 아니라, 더 넓은 세상을 바라보며 높이 날 수 있도록 그 사람의 날개의 근육을 단단하게 만들어 주는 것이 사랑입니다.

내 옆에 별 하나

사랑하면 그 사람이 내 우주가 되지요. 내 별들은 그 우주 안에서 빛을 내지요. 그 우주가 흔들리면 별들도 떨어집니다. 그러니 누군가를 사랑할 때는 그 사람이 우주가 되지 않게 하세요. 사랑하는 그 사람이 그저 또 다른 별 하나, 내 옆에 머무는 하나의 별로만 존재하게 하세요. 사랑하면, 그 사람을 내 우주로 만들지 마세요.

남자의 이상과 여자의 현실

남자는 과거를 그리워하고 아파할 시간에, 여자는 새로운 삶을 찾아나갑니다. 남자의 마음은 과거를 살고 여자의 마음은 미래를 살지요. 떠나버린 그녀가 야속하다고 여기지 마세요. 당신을 사랑하지 않았다고 원망하지 마세요.

여자는 당신을 사랑했지만 헤어지면 자신의 새로운 삶을 찾아 떠납니다. 남자는 이상을 생각하지만 여자는 현실을 따라갑니다.

사랑하는 그녀가 있다면 좀 더 용기를 내 보세요. 떠나간 그녀의 행복을 빌어줄 시간이 있다면, 당신의 행복을 위해 무엇인가를 시작하세요. 남자가 가슴아파하며 후회하고 있을 때 여자는 더 예뻐지려고 거울을 보고 있으며, 당신이 달빛을 바라보며 그녀를 그리워하고 있을 때 그녀는 달빛 아래서 새로운 사랑을 나누고 있을 테니까요.

사랑

다치지 않으려고 몸부림친 밤이 몇 날일까요. 거스를 수 없는 시간, 눈 감을 수 없는 그 마음이란 것. 마음은 뒤에 두고 앞으로 가려 하니 그 마음 얼마나 고단했을까요. 무너지는 건 한순간인데 아프지 않은 사랑이 어디 있다고 그토록 애를 썼나요. 이제는 당신이 다치지 않을 만큼만 나를 사랑해 주세요. 사랑한 만큼 아파야 한다면 내가 더 사랑하겠습니다.

그 놈의 마음

사람의 그 가벼운 마음은 언제나 주인의 우아한 의식을 비웃으며 제가고 싶은 길을 가기 마련입니다. 슬픔도, 분노도 다 제몫으로 하고 싶은 만큼 그 마음이 사랑을 느끼는 순간에는 제 뜻대로 앞서 뛰어가기 마련입니다. 얄궂은 건 그놈의 사랑이 아니라 결국 마음입니다.

여자들이여

쉽게 딸 수 없는 꽃이 더욱 흥미로운 법입니다.

사랑하면 불안하다

사랑하는 관계는 특정한 불안을 만들어 냅니다. 사랑에 빠지는 순간 우리들의 자아는 또 다른 자아를 생성하고, 기존의 자아를 잃어버리며 불안을 경험하게 됩니다. 그럼에도 불구하고 그 놈의 사랑.

사랑하는가?

당신에게 어떠한 인간적 가치를 매기고 있는지, 당신의 어두운 그림자를 통해서도, 당신이 가진 그 찬란한 빛을 놓치지 않고 보고 있는지, 당신의 독기가 품은 이면의 의미를 이미 알고 있는지, 당신의 연약하고 예민한 감성에 깊이 공감하고 있는지, 당신이라는 한 사람을 진심으로 소중하게 여기고 있는지, 당신을 사랑하는 그 사람에게 확인해 보세요.

갈등

우리들은 누군가의 사랑을 끊임없이 갈구하면서도, 날 새운 가시로 온몸을 휘감고 있습니다. 삶은 그토록 혼란스러운 것입니다.

사랑

온통 전부이면서도 아무것도 아닌 것. 사랑할 때는 사랑이 삶의 전부가 되지만, 혼자일 때 한 발자국 떨어져 사랑을 바라보면 사실 아무것도 아니었습니다. 왜 그토록 죽네 사네 했을까요. 다음의 사랑은 조금 느긋하게 했으면 좋겠습니다. 오래오래 사랑도 즐기면서 할 수 있게 말입니다.

아름다운 거리

사랑하는 관계에서 적당한 거리는 필수입니다. 사랑한다고 본연의 외로움이 사라지는 것은 아닙니다. 외로워서 사랑하고, 외로워서 결혼한다면 그 사랑과 결혼은 결국 상처만 남을 뿐입니다. 사랑하는 관계에서도 진정 나에게로 가는 통로가 필요하며, 내 것들을 과감히 내려놓을 수 있는 용기와 혼자 누리는 자유로움도 반드시 필요합니다. 아름다운 그 거리를 지키는 것이 더 오래 사랑할 수 있는 유일한 방법입니다.

하모니

닮은 감성을 만나면 대화는 노래가 됩니다. 그렇게 사랑이 시작되었습니다.

사랑한다면

지금 누군가를 사랑하고 있나요? 한 사람이 또 다른 사람을 사랑할 때 우주의 모든 만물에는 반드시 그림자가 있다는 사실을 기억해야 합니다. 그러면 누군가를 사랑하는 과정에서 수없이 닥치는 어려움을 보다 수월하게 해결해 나갈 수 있습니다. 당신이 사랑하는 사람의 그림자를 이해할 수 있기를...

점수 따는 방법

사랑하는 사람이 과거의 상처로 인해 아직도 아파한다면 이렇게 말해주세요.

"그랬구나. 얼마나 힘들었니?, 얼마나 아팠을까! 힘내!"(비록 마음속으로는 '아직도 과거에 매여 있냐. 바보야!' 라고 외칠지라도).

이별 후

상실감은 새로운 관계를 만들어 낼 수 있는 동기가 됩니다. 영원한 것은 없다는 순리를 받아들이세요. 삶의 목적은 나의 행복입니다.

춤추는 영혼

그 누구도 내 안의 외로운 그 각별한 공간을 감히 만져줄 수는 없습니다.

그 공간은 그냥 나입니다. 우리들의 본질적 외로움은 사랑으로도 변화시킬 수는 없는 특별한 것입니다. 그 공간을 들여다보고 만져주세요. 수용하는 순간부터 그 공간에서 자유롭게 춤출 수 있습니다.

얻기 위해 필요한 것

누군가를 돕는 일에는 강한 인내심을 필요로 합니다. 사랑도 그렇습니다. 사랑하는 마음을 보여주고 싶다면 인내하고 기다려야 합니다. 조급해 하지 마세요. 그 어떤 사랑도 결국은 나를 위한 선택이었습니다.

사랑인지 소유인지

바라만 보고 물을 주지 않는 꽃은 더 이상 꽃이 될 수 없습니다.

행복과 고통의 차이

사랑하고 있나요? 그렇다면 자신이 행하는 사랑의 방식이 올바른지, 사랑하는 그 사람에게 행복을 주는 방식인지, 비판적으로 점검해 볼 필요가 있습니다. 사랑이라는 그 이기적인 이름으로 깊은 상처를 남기는 경우가 너무나 많습니다. 그 잘못된 방식의 사랑을 받은 대상은, 그 상처로 인해 평생을 힘들고 아파야 합니다.

사랑이라고 느낀다면 사랑하는 사람이 나의 사랑으로 인해 진정 행복해하는지, 훨훨 날고 있는지, 객관적인 시선으로 자신과 사랑하는 사람을 바라보는 일은 아주 중요한 일입니다. 사람은 진실 되고 올바른 사랑을 받으면 행복하고, 왜곡되고 잘못된 사랑을 받으면 고통을 경험합니다.

사랑에 대한 착각

사랑은 서로 소유하는 것이 아니라 서로를 자유롭게 하는 것입니다. 서로의 꿈을 이룰 수 있도록 돕는 것이며, 그 방법을 함께 고민하는 과정입니다.

사랑하는 방법

사람을 믿어주는 만큼 그 사람은 단단한 날개를 가지게 됩니다. 지지와 인정을 받으며 사는 사람은 시련을 견디는 힘이 강하며, 타인을 사랑하는 방법도 건강합니다. 믿는 만큼 인내하고, 믿는 만큼 희생 하세요.

사랑보다 중요한 이별

세상은 사랑을 노래하지만 사랑보다 더 중요하고 더 잘해야 하는 것은 이별입니다. 이별을 수용하고 어떻게 경험하는 가는 그 사람의 인품에 달려있습니다. 이별을 건강하게 하지 못하면 심리적 문제를 동반하기도 합니다. 그 어떤 관계도 이별이 없는 존재는 세상에 없기 때문입니다. 결국 좋은 이별은 지나간 사랑과 지나간 사람을 더욱 빛나게 할 것입니다.

배려와 진실 사이

사람들은 사랑의 표현방식이 모두 다릅니다. 어떤 사람은 상대를 배려하여 자신의 감정은 좋게만 보이게 포장하는 방식을 택해서 위선적이고 솔직하지 않다는 생각이 들 수도 있고, 어떤 사람은 항상 솔직하고 직설적으로 표현해서 냉정하고 이기적이며 절제력이 없다고 보여 질수도 있습니다. 내 방법과 다르다고 해서 화를 내는 것은 잘못입니다. 어떤 사람의 사랑방식은 '배려'이고 어떤 사람의 사랑방식은 '진실'이기 때문입니다.

보석 같은 당신

내가 초점이 되는 것이 아닌, 내가 중심이 되어 살아야 합니다. 내가 초점이 되는 것은 내 관점으로만 세상을 해석하는 것을 의미합니다. 당신을 더 이상 사랑하지 않는 사람은 미련 없이 보내 주세요. 나를 귀히 여기는 사람이 아니라면 아까운 시간을 들여 가슴 아파하지 마세요. 당신은 세상에서 가장 귀한 존재입니다.

혼자가 괜찮을 때 사랑 하세요

혼자서 무엇이든 할 수 있는 용기를 가졌을 때, 비로소 내가 아닌 다른 사람을 온전히 이해하고 사랑할 수 있게 됩니다. 상대에게 의존하고자 하면 결국, 실망과 상처가 반복되기 마련입니다. 내가 혼자임을 온전히 받아들일 때 누군가의 외로움도 품어줄 수 있습니다. 혼자서도 잘 해낼 수 있는 용기를 갖추었을 때, 평생 동안 해결될 수 없는 인간의 본질적 외로움을 수용할 때, 비로소 가장 건강하고 아름다운 사랑을 할 수 있습니다.

사랑은 감각이 하는 것

말하지 않아도 느껴지는 경우가 있습니다. 표현하지 않아도 다 느껴지는 사람이 있습니다. 영혼이 연결된 관계에서는 마음과 생각보다도 그리고 행동보다도 감각이 먼저 나서기 때문입니다. 내 의지와도 무관하게 그 감각이란 녀석이 나보다 먼저 알아채 버리곤 합니다.

피곤한 여자와 자기 멋대로인 남자

남자와 여자는 많은 차이점을 가지고 있습니다. 그 중 한 가지는 남자는 심리적으로 힘든 일이나 고민거리 같은 해결해야할 문제가 생겼을 때 잠시 동굴 속으로 들어가야 합니다. 혼자 고민하며 생각하는 시간이 필요합니다. 그럴 때 여자는 서운해집니다. 힘든 일이 있다면 함께 고민하고 도와주고 싶은데 남자는 말을 잘 안하고 그 고민으로 인해 잠시 여자에게 소홀해 질 수 있습니다. 그럴 때 여자는 내가 그것밖에 안 되는 존재냐며 이해를 못합니다.

남자는 답답합니다. '그게 아닌데, 너의 존재가 작은 것도 아니고, 너와 해결할 문제가 아니며, 너에게는 내 힘든 부분은 보여주고 싶지 않고, 너에 대한 마음도 변함없는데'라는 생각을 가지고 있습니다. 그러나 여자는 슬퍼하고 따지기 시작하고, 남자는 답답하고 피곤해 집니다. 여자는 힘든 일이 생기면 남자에게 말을 하고 함께 나누고 싶어 합니다. 이런 차이점으로 인해 여자와 남자는 싸우게 됩니다.

남자는 여자를 피곤하다 여기지 말고 여자의 특성을 이해해서 따뜻하게 달래주면 좋겠고, 여자는 그런 남자의 특성을 이해하고 잠시 내버려 두면 좋겠습니다. 왜 나만 바라보고, 나에게 다 보여주어야만 하는 건가요. 남자를 믿고 잠시 조용히 기다려 주면 남자는 묵묵히 기다려준 여자에게 무척 고마워할 것입니다.

세상 남자와 여자들이여! 서로의 본질적 차이점을 이해하고 조금씩만 양보하고 보듬어 주세요. 여자는 본질적으로 피곤한 존재이고, 남자는 본질적으로 자기 멋대로입니다. 어쩔 수 없습니다.

허무주의의 사랑

"그 사람을 내 목숨보다 더 사랑했어요. 내 생명처럼 사랑했어요"라고 말하는, 사랑에 상처받고 허무주의에 빠진 사람들을 종종 볼 수 있습니다. 그런 이야기를 하면서 마치 자신은 그런 대단한 사랑을 했다는 듯 자랑스럽게 이야기 합니다. 그러나 내 목숨보다 더 사랑하고, 내 삶의 모든 가치가 그 사람에게 있다면 돌아오는 건 큰 상처와 실연이 될 수밖에 없습니다. 사람은 사람을 소유할 수 없으며, 사람은 사람에게 지배받을 수 없기 때문입니다.

사람은 자신만의 고유한 주체성이 있으며 자유가 없는 삶은 불행합니다. 무엇인가 움켜쥐려 한다면 그 대상은 고통스러워 빠져나가려고 하기 마련입니다. 내 삶의 주인은 사랑하는 사람이 아닌 나 자신입니다. 삶의 궁극적 가치는 사랑하는 사람의 삶이 아닌 나 자신의 삶에 있습니다.

사랑은 인간에게 반드시 필요한 산소 같은 것이지만 그 사랑의 방법은 아름답고 건강해야 합니다. 어찌 사랑하는 사람이 내 인생의 전부가 될 수 있을까요. 그런 사람들은 대부분 상대방이 자신의 그런 대단한 사랑을 받아 행복할 것이라고 생각하지만, 대부분 사고의 큰 오류일 뿐입니다. 내가 원하는 방식으로 사랑해 놓고 그 사람이 떠나면 내가 너를 이토록 사랑했는데 어찌 네가 나를 배신할 수 있냐며 분노를 표출하는 안타까운 경우입니다. 그 사랑은 상대방이 원하는 방식이었나요. 단지 내가 원하는 방식이었을 뿐입니다. 그토록 이기적인 사랑을 세상에서 가장 위대한 사랑인양 착각하지 말아야 합니다.

척하면 척

남자와 여자가 사랑할 때 서로에 대해 가지고 있는 동일한 감정이 표현되는 방식은 다릅니다. 하지만 서로 다른 방식으로도 정서를 표현하는 방식에 일정한 패턴이 있습니다. 이것이 상호주관성입니다. 같은 정서를 가졌으나 다르게 표현되는 관계에서의 일정한 패턴이 생기면, 상대의 정서나 행동에 따라 내가 반응하는 양상도 달라집니다. 상호주관성이 확립된다면 비로소 밀접한 관계라고 할 수 있습니다. 사랑하는 관계라면 이처럼 서로에 대한 반응의 패턴이 분명 존재해야만 합니다. 그래야 두 사람의 동일한 정서와 사랑이 가능하니까요.

오만한 연민 따위

사랑과 연민이 함께 공존하는 경우도 있지만, 사랑이 아닌 연민으로 당신을 사랑하는 그 사람을 옆에 두지 마세요. 그 사람에게 미안하고 고마워서 떠나지 못한다고 생각하지 마세요. 당신이 정말 두려운 건 무엇인지 잘 생각해 보세요. 사랑하지 않는 나도, 내가 사랑하지 않음을 아는 그 사람도, 행복하지 않기 때문입니다. 무엇이 나를 붙잡고 있는지 스스로에게 질문해 보세요. 사람은 사랑을 받는 것만으로는 행복하지 못합니다. 사랑을 줄 때 그리고 동시에 사랑을 받을 때 우리는 진정한 행복을 느낍니다. 나의 삶에서 가장 중요한 건, 내가 행복하게 살기 위해 노력하는 것 아닐까요?

나란히 앉기

나란히 한 곳을 바라보는 것의 의미는 함께 세상을 바라보고 사유하는 것을 의미합니다. 때로는 마주보는 것도 좋지만 더 많은 시간에 나란히 앉는 편이 더 좋습니다. 마주보는 것은 서로에게만 집중하니 적절한 거리를 두기 어려우며, 서로의 마주한 시야는 결국 상처가 되기 쉽습니다. 나는 너만 바라볼 수 없고, 너는 나만 바라볼 수 없기 때문입니다. 오직 서로가 삶의 전부이고, 내가 바라보는 세상의 전부가 된다면, 그 관계는 아름답게 지속되기 어렵습니다. 함께 한다는 것의 의미는 나란히 앉아 아름다운 풍경을 바라보며 나누는 대화입니다.

이별 후

이별 후엔 누구나 고통스럽지요. 그 부드러웠던 심장에 날카로운 칼날이 꽂힙니다. 그 사람이 잘해줬던 기억들, 사랑했던 달콤한 기억들만 떠올라 나를 고문하기 때문입니다. 그래서 다시 연락을 해볼까 고민도 해 봅니다. 나는 네가 필요하다고, 내가 잘못했다고, 그리운 마음에 이토록 잠 못 든다고... 그러나 이별 후 다시 연락을 하면 더 절망하고 더 고통스러운 길을 선택하는 것입니다. 아름다운 기억에 대한 고통과 더불어 감당하기 힘든 후회까지 덤으로 얹어지기 때문입니다.

이별은 받아 들여야 하는 흐름입니다. 흐름을 거부하면 더 큰 문제가 생기기 마련입니다. 이별은 사람이 경험하는 자연스러운 것이며, 성숙하게 처리해야할 운명입니다. 다시 더 큰 상처를 자청하지 말고 이별을 받아 들여야 합니다. 마음은 움직이는 것이며 사랑은 흘러가는 인간의 마음입니다. 간절했던 만큼 뜨거웠다면 그 아름다운 기억으로 가슴에 담아야 합니다. 이별 후 슬픈 마음이 선율이 되도록 그저 흘려보내야 합니다.

KIIAT

한국통합예술치료개발원

저자 홍지영이 대표원장으로서 운영하고 있는 '한국통합예술치료개발원(KIIAT)'은 인간세계의 다양성과 총체성을 근거로 하여, 통합적 방식을 활용하는 예술영역의 심리치료를 중심적 도구로 사용한다. 심리적 접근을 넘어 인간의 행복을 위해 존재하며, 인문학과 관련된 폭넓은 일들을 담당하는 기관이다. KIIAT에서는 우선으로 예술치료의 영역이, 치료의 대상들만이 아닌 일반인들도 쉽게 접하고 공유할 수 있는 문화적 차원으로 보급하는 데 주력하고 있다. 또한 새로운 프로그램 개발 연구 및 앞서는 교육을 추구하며 통합예술심리지도사 자격증 과정과 부설연구소 운영자 반의 전문가 자격증 과정 및 수퍼비전 등이 이루어지고 있다.

KIIAT에서 운영하는 'Arete예술치료연구소'는 매달 다른 주제로 인문학 세미나가 개최되고 있으며, 소수정예의 특별한 세미나로서 개인 개인에게 의미 있는 경험이 될 수 있는 것에 초점을 두고 있다. 또한 개인치료와 상담의 업무를 진행하여 개인에게 잠재되어 있는 'arete'를 찾아 더욱 능동적인 삶을 살아갈 수 있도록 도움을 주고 있으며, 현재의 서울 본원을 시작으로 타 지역에 부설 연구소들을 설립 및 운영해 나갈 계획이다.

tel _ 02.713.6361
fax _ 02.713.6360

서울시 마포구 독막로 331 마스터즈타워빌딩 2405호
홈페이지 http://blog.naver.com/arete17/220994688794
Instagram _arete_official

초판 1쇄 _ **2017년 5월 29일**
초판 2쇄 _ **2017년 7월 4일**
지은이 _ 홍지영
펴낸이 _ 김현태
디자인 _ 디자인 창 (디자이너 장창호)
펴낸곳 _ 따스한 이야기
등록 _ No. 305-2011-000035
전화 _ 070-8699-8765
팩스 _ 02- 6020-8765
이메일 _ jhyuntae512@hanmail.net

따스한 이야기 페이스북
https://www.facebook.com/touchingstorypublisher

따스한 이야기는 출판을 원하는 분들의 좋은 원고를
기다리고 있습니다.

가격 **13,000원**